Adolf Rosenberg

Teniers der Jüngere

Adolf Rosenberg

Teniers der Jüngere

ISBN/EAN: 9783744720403

Hergestellt in Europa, USA, Kanada, Australien, Japan

Cover: Foto ©ninafisch / pixelio.de

Weitere Bücher finden Sie auf **www.hansebooks.com**

Künstler-Monographien

In Verbindung mit Andern herausgegeben

von

H. Knackfuß

VIII

Teniers der Jüngere

Bielefeld und Leipzig
Verlag von Velhagen & Klasing
1895

Teniers der Jüngere

Von

Adolf Rosenberg

Mit 63 Abbildungen von Gemälden und Zeichnungen

Bielefeld und Leipzig
Verlag von Velhagen & Klasing
1895

Druck von Fischer & Wittig in Leipzig.

David Teniers der Jüngere.

Nach dem Gemälde von Peter Thys gestochen von Lucas Vorsterman dem Jüngeren.

David Teniers der Jüngere.

Als der Kunstgeist des vlämischen Volks-
stammes in dem Schaffen des großen
Antwerpener Meisters, der mit den gewaltigen
Offenbarungen seiner Kraft gleich Michel-
angelo sein Jahrhundert beherrschte, den
höchsten Aufschwung nahm, reifte ein be-
scheidenes Pflänzchen, das bis dahin fast im
Verborgenen vegetiert hatte, seiner vollen
Blütenpracht entgegen. Nach einem Schlaf
von Jahrhunderten war die Genremalerei,
nachdem die Brüder van Eyck in der Nachahmung der Natur das höchste Ziel künstlerischen Strebens erkannt und ihren Kunstgenossen die Augen für ihre Umgebung ge-
öffnet hatten, in den Niederlanden wieder
zu neuem Leben erwacht. Wenn die Künstler
die Gestalten der heiligen Geschichte vorführen wollten, hielten sie sich nicht mehr
an die Überlieferung, sondern sie sahen sich
unter ihresgleichen um, die doch nach den
Worten der Schrift auch Ebenbilder Gottes
waren. So gewannen die Bilder, die frommen
Sinn zum Schmuck der Altäre in Kirchen
und Kapellen, zu Andacht und Anbetung
stiftete, mit denen, die davor niederknieten,
enge Fühlung, und wie aus den auf den
großen Altarbildern angebrachten Bildnissen
der Stifter die Porträtmalerei im realistischen
Sinne entstand, so erwuchs aus der Schilderung der Volksmassen, die den Wunderthaten
des Heilands zuschauten, seiner Lehre lauschten,
seine Kreuztragung begleiteten oder die drei
Kreuze auf Golgatha umstanden, die moderne
Genremalerei oder, wie man jetzt besser,
wenn auch nicht völlig erschöpfend, mit einem
deutschen Worte sagt: das Sittenbild.

Freilich dauerte es nach dem Tode Jan
van Eycks noch einige Jahrzehnte, bis sich
die aus dem modernen Leben gegriffenen
Figuren so völlig von den Motiven aus der
biblischen Geschichte loslösten, daß das Sitten-

bild als eine besondere Gattung der Malerei
entstand. Einen der ersten Schritte dazu
hat, soweit unsere Kenntnis reicht, der phan-
tasievolle Meister Hieronymus Bosch gethan,
der um 1460 geboren wurde und 1516
starb. Eigentliche Sittenbilder hat er noch
nicht gemalt. Aber er zeigte doch der Genremalerei einen Richtweg, indem er einige
Vorwürfe aus der biblischen Geschichte und
aus der Heiligenlegende mit einer bis dahin
noch nicht gesehenen Freiheit behandelte. Von
der richtigen Beobachtung ausgehend, daß
man am ehesten Aussicht hat, die Menschen
zu bessern, wenn man ihnen gründlich die
Hölle heiß macht, malte er gern Darstellungen
des jüngsten Gerichts. Mit einer Phantasie,
die Grauen und Entsetzen geschickt mit grotesker
Komik zu vermischen wußte, schilderte er in
breiter Behaglichkeit all' die gräßlichen Mar-
tern, die die vom Weltenrichter Verworfenen
im Höllenpfuhl zu gewärtigen hatten, und
das Heer der Gehilfen Satans, denen die
Vollstreckung des höchsten Urteils anvertraut
war. Hieronymus Bosch ist der Erfinder
des Höllenspuks, der länger als ein Jahrhundert hindurch die niederländischen Legen-
den- und Genremaler zu immer neuen Er-
findungen reizte. Auf ihn gehen auch jene
Darstellungen der Versuchungen des heiligen
Antonius durch allerlei höllische Trugbilder
und Schreckgespenster zurück, die David Teniers
zu höchster Vollendung bringen sollte, indem
er sie zugleich mit den feinsten koloristischen
Reizen umgab.

Das Sittenbild im eigentlichen Sinne
fand erst gegen Ende des XV. Jahrhunderts
und in den ersten Dezennien des XVI. durch
zwei Maler eine Pflege, die als Vertreter
der verschiedenartigen Richtungen des niederländischen Volks- und Kunstgeistes gelten
können. Im Süden war es der Antwerpener

Quinten Maſſys, der aus dem Volksleben der reichen Handelsſtadt jene Geſtalten von Wechslern, Goldwägern, Kaufleuten und Wucherern herausgriff, die er dann bei ihrer Arbeit hinter den Zahltiſchen in halben Figuren darſtellte. Es waren Meiſterſtücke eingehender, energiſcher Charakteriſtik und großer maleriſcher Kraft zugleich, die auch Nachahmer in der folgenden Generation fanden. Volkstümlicher wurde dieſe neue Gattung der Malerei durch den zweiten ihrer Begründer, durch Lucas von Leyden, der ſich für ſeine ſittenbildlichen Schilderungen des Kupferſtichs bediente und mit ſeiner Hilfe in die breiten Maſſen des Volkes eindrang. Dadurch faßte das Sittenbild im Kunſt- und Volksleben der nördlichen Niederlande tiefere Wurzeln, als es trotz des Vorgangs von Quinten Maſſys in den ſüdlichen geſchah. Schon auf Lucas' Kupferſtichen finden wir einige jener Figuren, die ſpäter zu den Lieblings-typen des jüngeren Teniers wurden: Quack-ſalber, Zahnbrecher, Chirurgen, Muſikanten und dergleichen mehr.

Als dann die Sucht, den italieniſchen Meiſtern nachzuahmen, die niederländiſchen Künſtler wie eine anſteckende Krankheit er-griff und ihre nationale Eigenart völlig zu erſticken drohte, als der Italianismus zuletzt noch durch die kirchliche Reaktion zur Wieder-herſtellung der Alleinherrſchaft des Katholicis-mus gefördert wurde, ſchien es, als ſollte der eben aufgeblühten Sittenmalerei ſchnell der Garaus gemacht werden. Aber gerade in den ſüdlichen Niederlanden, wo die Reſtau-rationswut am heftigſten tobte, hielt ſich unter den Malern die Schilderung heimiſchen Volkslebens lebendig. Den Zuſammenhang mit Quinten Maſſys hielten in Antwerpen, dem Hauptſitz dieſer Art von Malerei, Pieter Aertſen und ſein Schüler Joachim Beukelaar, aufrecht, die Marktſcenen, Küchenſtücke, Volks-beluſtigungen, Bauerntänze u. dergl. malten. Vor allem aber kommt hier Pieter Breughel der Ältere in Betracht, der Begründer einer ganzen Künſtlerdynaſtie, deren Wirkſamkeit bis tief in das XVII. Jahrhundert hineinreicht. Er war der unmittelbare Nachfolger jenes Hieronymus Boſch, deſſen meiſt in Kupfer-ſtichen erhaltene Kompoſitionen ihn zu ähn-lichen Darſtellungen von Teufelsſpuk anregten. Daneben aber war er der erſte, der in die Vielgeſtaltigkeit des vlämiſchen Volkslebens eindrang und ſeine halb humoriſtiſchen, halb

ſatiriſchen Beobachtungen in Kirmeßſcenen, Bauerntänzen und Verkörperungen von Sprichwörtern und moraliſchen Lehren durch Bauern, Bettler, Krüppel u. dergl. kund gab. Er war auch der erſte, der vor der Häß-lichkeit der ihm begegnenden Geſtalten, vor den Auswüchſen der Kirmeßluſt, vor Er-ſcheinungen, die unſer modernes Schönheits-gefühl bisweilen aufs tiefſte verletzen, nicht zurückſchreckte. Was aber mit dieſen Eigen-tümlichkeiten, Härten und Schroffheiten ſeiner Kunſt wieder verſöhnt, das iſt ſeine Liebe zur Natur, die in ſeinen Landſchaften und den landſchaftlichen Hintergründen ſeiner Sittenbilder gipfelt. Dieſe Liebe zur hei-miſchen Landſchaft, dieſes tiefe Eindringen in ihre heiteren, ſanften Reize werden wir ſpäter auch als einen der Hauptvorzüge unſeres Teniers kennen lernen.

David Teniers der Jüngere war ebenfalls der Sprößling einer Künſtlerfamilie, deren Stammbaum ſich bis auf zwei Generationen zurückverfolgen läßt. Der Großvater unſeres Künſtlers war freilich ein Handwerker, ein Poſamentier, der 1558 aus Ath im Hennegau nach Antwerpen gekommen war, dort zu Wohl-ſtand gelangte und 1580 in einem eigenen Hauſe am Handſchoenmarkt einen Kramladen eröffnete, der viel abwarf. Aber zwei ſeiner Söhne wurden Maler, Julian Teniers, der 1572 geboren wurde, 1594 als Freimeiſter in die Lukasgilde eintrat und 1615 in ſeiner Vaterſtadt ſtarb, und der um zehn Jahre jüngere David Teniers, der zur Unterſcheidung von ſeinem berühmten Sohne in der Kunſt-geſchichte den Beinamen „der Ältere" trägt. Von Julian Teniers hat ſich leider kein einziges Werk erhalten. Nur aus dem Um-ſtande, daß er viele Schüler hatte, ſchließt man, daß er wenigſtens ein hervorragender und beliebter Lehrmeiſter geweſen ſein muß. Nach der Sitte der damaligen Zeit gehörte auch ſein jüngerer Bruder zu ſeinen Schülern. Doch ſuchte ſich David Teniers noch weiter zu vervollkommnen, indem er ſich, wie aus der Unterſchrift unter einem geſtochenen Bild-nis von ihm hervorgeht, an das damals ge-rade aufgehende neue Geſtirn der Antwerpe-ner Schule, an den jungen Rubens, anſchloß. Da Rubens 1598 als Freimeiſter in die Antwerpener Lukasgilde aufgenommen wurde, womit er erſt die Berechtigung erwarb, ſich Lehrlinge und Gehilfen in ſeiner Werkſtatt zu halten, ſo muß ſich Rubens bereits 1600 nach

Italien ging, muß die Lehrzeit David Teniers' in die Jahre 1598—1600 gefallen sein. Um dieselbe Zeit wie Rubens scheint auch der ältere Teniers nach Italien gegangen zu sein, das den Meistern der südlichen Niederlande noch bis in die Mitte des XVII. Jahrhunderts hinein als die hohe Schule der Kunst galt. So viel wie Rubens brachte er aus dem gelobten Lande nicht heim. Aber er empfing doch einen entscheidenden Einfluß, Pomona in der kaiserlichen Galerie zu Wien erhalten haben, daneben auch meist sehr romantisch gestaltete Landschaften ohne Staffage. Auch in großen Kirchenbildern hat er sich versucht, aber mit so geringem Glück, daß man es schwer begreift, wie so unbeholfene Kompositionen mit steifen, eckigen Figuren aus derselben Hand hervorgehen konnten, die sonst so fesselnd und lebendig Menschen und Dinge zu charakterisieren verstand. Am meisten

Abb. 1. Ein Gelehrter. Galerie Schönborn in Wien.

indem er in Rom die Bekanntschaft des deutschen, aus Frankfurt gebürtigen Meisters Adam Elsheimer machte. Dieser malte zumeist kleine, sorgsam durchgeführte, durch reiche Färbung ausgezeichnete Landschaften, die er mit Scenen aus der heiligen Geschichte oder der griechischen Mythologie belebte. In seiner Art malte Teniers, nachdem er in seine Vaterstadt zurückgekehrt und dort 1606 als Meister in die Lukasgilde aufgenommen war, ebenfalls Landschaften mit mythologischen Figuren, von denen sich noch einige mit Juno und Jupiter, mit Nymphen und Satyrn, mit Merkur und Argus, mit Vertumnus und interessiert uns die Gruppe seiner Bilder, die mit denen seines großen Sohnes verwandt sind: Spuk- und Hexengeschichten, Wirtsstuben und Bauernbelustigungen. Wir sehen daraus, daß David Teniers der Vater sowohl als Kolorist, d. h. also als Maler im eigentlichen Sinne, als hinsichtlich der Phantasie und des Reichtums der Erfindung und der Lebendigkeit der Komposition, mit seinem Sohne nicht verglichen werden kann, obwohl dieser sein Schüler gewesen war und anscheinend mit seinem Vater, der erst 1649 starb, lange Zeit zusammen gearbeitet hatte.

David Teniers der Ältere hatte sich 1608

1*

mit Dymfna Corneliſſen be Wilde, der Tochter
eines Schiffskapitäns, vermählt, und dieſer
Ehe entſproß unſer Teniers, der am 15. Dezember 1610 in der St. Jakobskirche getauft
wurde, demſelben Gotteshauſe, wo dreißig
Jahre ſpäter der Großmeiſter der Antwerpener
Schule ſeine letzte Ruheſtätte fand. Obwohl
dem alten Teniers von ſeiner Gattin drei
Häuſer und mehrere Renten in die Ehe
gebracht worden waren, gereichte ihm dieſe
Mitgift nicht zum Segen. Schon im nächſten
Jahre mußte er die Häuſer wieder zu Gelde
machen, und da ſeiner Ehe nachgerade fünf
Söhne und eine Tochter erblühten, geriet er
immer tiefer in Not und Schulden. Zwar
kaufte er im Jahre 1615 wieder drei Häuſer;
aber er war genötigt, ſie bald ſo ſchwer zu
belaſten, daß er in Prozeſſe geriet, und ſchon
nach wenigen Jahren mußte er die Häuſer
wieder verpfänden, um bares Geld in die
Hände zu bekommen. Schließlich verpfändete
er auch ſeine Bilder gegen hohe Zinſen, und
da alles nichts half, nahm er ſeine Zuflucht
zum Betrug, indem er eine neue Hypothek
lieh, wobei er dem Darleiher verſchwieg, daß
ſeine Häuſer bereits überlaſtet wären. Die
Sache kam an das Licht, und Teniers mußte
ins Gefängnis wandern, während ſein Beſitz-
tum gerichtlich verſteigert wurde. In dieſer
trüben Zeit erſcheint der Name des jüngeren
Teniers zum erſtenmale in den Urkunden,
einmal als Zeuge bei einer unwichtigen Angelegenheit, dann am 25. Juli 1629 bei
einem Beſuch, den der Sohn dem Vater in
dem Antwerpener Strafgefängnis Steen ab-
ſtattete, um von ihm eine Vollmacht zu einem
neuen Handel zu erlangen, der den Alten
aus ſeinem Kerker befreien ſollte. Bald
darauf ſcheint Teniers der Vater wieder frei-
gekommen zu ſein; denn am 17. Februar
1630 mietete er das Haus zu den drei
Flammen auf der Lombardeveſt. Dann
thaten ſich die Söhne, von denen außer
unſerem David noch zwei andere Maler geworden waren, zuſammen und fertigten ſo
viele Kopien und Bilder an, daß ihr Vater
damit am 16. Januar 1635 auf die Meſſe
von St. Germain ziehen konnte. Er machte
dort ſo gute Geſchäfte, daß er fortan nichts
mehr mit den Gerichten zu thun bekam.
Wenigſtens wird ſein Name bis zu ſeinem
Tode nicht mehr in Verbindung mit einem
unangenehmen Erlebnis genannt. Auch mag
der wachſende Wohlſtand ſeiner Söhne, ins-

beſondere die vorteilhafte Heirat ſeines Sohnes
David, der Not des geplagten Vaters ein
Ende gemacht haben.

Wann der junge Teniers als Lehrling
bei der Lukasgilde angemeldet worden iſt,
darüber ſchweigen unſere Quellen. Vielleicht
war er auch als Meiſtersſohn dieſer Förm-
lichkeit überhoben. Jedenfalls muß er ein
frühreifes Talent geweſen ſein, da er ſchon
im Alter von achtzehn Jahren ſo weit fertig
war, daß er ein ſo tüchtiges, techniſch ge-
diegenes Werk wie ſein halblebensgroßes
Selbſtbildnis zuſtande bringen konnte, das
ſich früher in der Galerie Geſell in Wien
befand. Kurze Zeit darauf entſtand das
Bild in der Galerie Schönborn in Wien,
welches einen Gelehrten in ſeinem Studier-
zimmer darſtellt, dem ein von hinten durch
die Thür eintretender Diener ein Schrift-
ſtück überbringt (ſ. Abb. 1). In der Zeichnung der Figuren macht ſich noch eine ge-
wiſſe Unbeholfenheit bemerklich, die an die
Art des Vaters, überhaupt an die ältere
Generation erinnert. Aber die Charakteriſtik
des klugen Kopfes iſt doch ſchon ungemein
geiſtreich und fein, und in der liebevollen
Durchführung aller Einzelheiten hat der junge
Teniers bereits eine Sorgfalt entwickelt, die
an die Stoffmalerei eines Stillebenkünſtlers
erinnert. An Modellen zu ſolchen Gelehrten-
ſtuben hat es ihm in Antwerpen, dem Haupt-
ſitze der gelehrten Studien in den ſüdlichen
Provinzen der Niederlande, dem Centrum
des Buchdruckes und Buchhandels, nicht ge-
fehlt, und daß er hier wirklich kein Phantaſie-
gebilde geſchaffen, ſondern die Wirklichkeit
getreu kopiert hat, beweiſt die hoch oben auf
dem Bücherſchranke neben anderen Antiken
ſtehende verkleinerte Nachbildung der Laokoon-
gruppe, die damals ſicherlich noch zu den
antiquariſchen Seltenheiten gehörte.

Noch eine geraume Zeit hielt ſich der
junge Teniers mit ſeinen Darſtellungen in
den Kreiſen der guten bürgerlichen Geſell-
ſchaft, in der es freilich oft genug ebenſo
luſtig zuging wie in den Trinkſtuben der
Bauern, in denen der Künſtler ſpäter Ein-
kehr hielt. Eine Reihe von Bildern dieſer
Art ſchildert uns ſolche luſtige Geſellſchaften
unter bibliſchen oder allegoriſchen Deviſen:
einmal iſt es der verlorene Sohn des Evangeliums, der unter Dirnen ſein väterliches
Erbe verpraßt, wie z. B. auf einem Bilde
der Münchener Pinakothek, ein anderes Mal

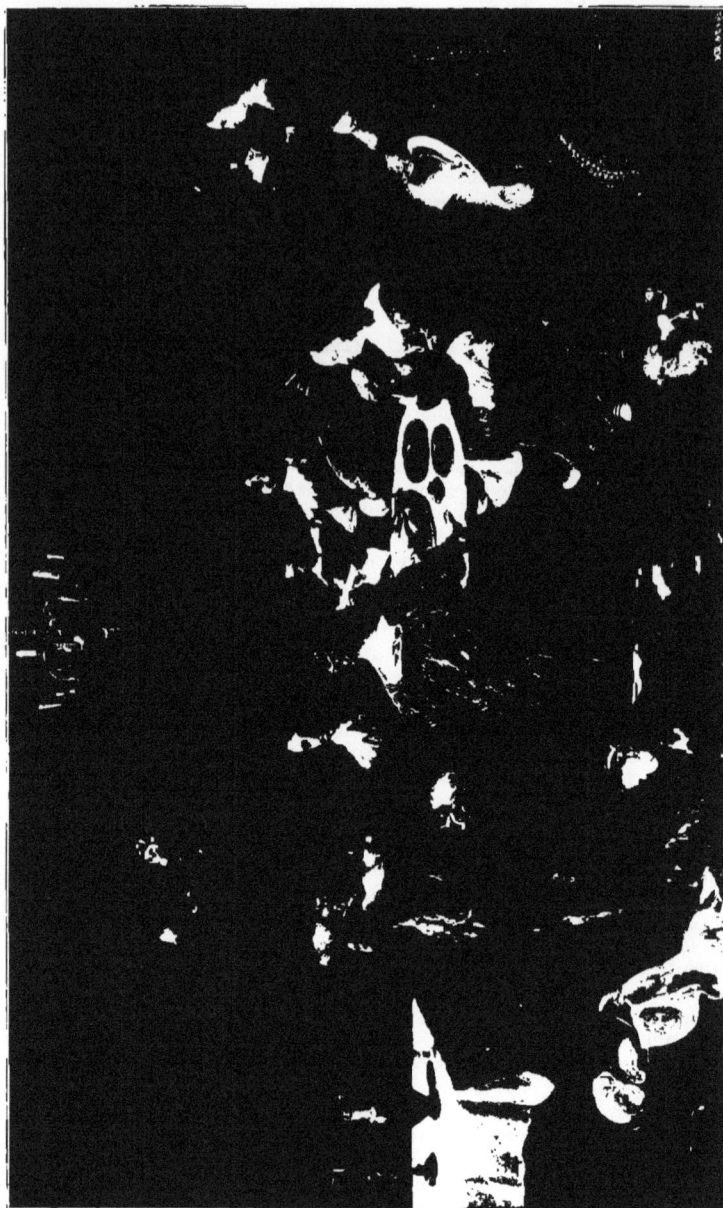

Abb. 2. Die fünf Sinne. Königl. Galerie in Brüssel.

die Verkörperung der fünf Sinne durch schmausende, trinkende, musizierende und einander karessierende Herren und Damen. Das schönste Bild dieser zweiten Gruppe befindet sich im Museum zu Brüssel, das für die verhältnismäßig geringe Summe von etwa 30 000 Francs in den Besitz dieses Juwels gekommen ist (s. Abb. 2), während der Fürst Demidoff für ein ähnliches, aber künstlerisch auf gleicher Höhe stehendes Bild 132000 Francs bezahlt hat. Wie hier die Absicht allegorischer

ihren bräunlichen, noch nicht durch lebhafte Lokalfarben unterbrochenen Gesamtton noch mit dem alten Teniers und seinen Altersgenossen zusammenhängen, enthalten sie bereits mehrere Züge, die auf die spätere Entwickelung des jungen Teniers deuten. Fast auf allen diesen Bildern sieht man zierliche Bologneser Hündchen und Äffchen, das beliebte lebendige Spielzeug der Damen, das in keinem vornehmen Hause der reichen Handelsstadt, die damals schon einen lebhaften Import von

Abb. 3. Die Geldwechsler. Nationalgalerie in London.
(Nach einer Originalphotographie von Braun, Clément & Cie. in Dornach i. E. und Paris.)

Darstellung hinter dem unmittelbar aus dem Leben gegriffenen Bilde einer fröhlichen Gesellschaft so völlig verschwindet, daß sie dem unbefangenen Beschauer gar nicht einmal zur Empfindung kommt, so haben auch die Darstellungen aus der Geschichte des verlorenen Sohnes ganz und gar nichts Biblisches, zumal da sie auch nur üppige Gelage mit geputzten Dirnen schildern. Am Ende dieser Reihe von Gemälden steht ein von 1634 datiertes Bild des Berliner Museums, das zwei junge Paare bei einer Mahlzeit darstellt, die durch Gesang und Musik gewürzt wird. Obwohl diese Bilder äußerlich durch

exotischen Pflanzen, Tieren und Raritäten betrieb, fehlen durfte. Aus diesen Affenstudien hat sich der Parodist entwickelt, der zuerst in der Kunst Affen als Nachahmer menschlicher Hantierungen und Kunstfertigkeiten vorführte, ohne damit eine satirische, für das Menschengeschlecht beschämende Absicht zu verbinden. Immer wird ein ganz besonderes Gewicht auf die sorgfältige Wiedergabe der Eßgeschirre, der Trinkgläser, Krüge und Küchengeräte gelegt, die bisweilen zu Stilleben gruppiert werden und durch ihre saubere Durchführung den koloristischen Sinn des Beschauers besonders reizen. Hier finden wir die Keime zu den späteren Küchenstücken des Meisters. Endlich unterläßt er es fast niemals, an den Wänden ein Bild anzubringen, das trotz des winzigen Formats so scharf charakterisiert ist, daß man fast immer den Schöpfer des Originals erkennen kann. Meist sind es Bilder seines Vaters, die Teniers pietätvoll wiedergegeben hat. Es war die erste Übung in jener Kunst, die etwa fünfzehn Jahre später in den berühmten Galeriestücken ihre höchste Blüte entfalten sollte.

Leben, aber in der Kunst des Meisters einen Wendepunkt. Während sich das erwähnte Bild der Berliner Galerie noch völlig in der alten Manier bewegt, zeigt ein in demselben Jahre gemaltes Bild der Mannheimer Galerie, eine Bauerngesellschaft in einem Wirtshaus, ein völlig verändertes Gesicht. Es ist eine andere Atmosphäre, in die uns Teniers hier zum erstenmale einführt, und damit hat er auch die Art seiner malerischen Darstellung gewechselt. Wie ist dieser fast plötzliche Um-

Abb. 1. Inneres einer Dorfkneipe. Alte Pinakothek in München.
Nach einer Photographie von Franz Hanfstängl in München.

Dieser ersten Zeit des Künstlers scheint auch das Bild der Londoner Nationalgalerie anzugehören, das in einem nur schwach von einem hoch angebrachten Fenster beleuchteten Gemach einen Geldwechsler mit seiner Frau darstellt (s. Abb. 3). Es ist das alte Motiv, das hundert Jahre vor Teniers durch Quinten Massys in die Mode kam. Aber wie hat es Teniers malerisch verfeinert! Wie viel tiefer hat er die beiden Menschen charakterisiert! Wie viel drastischer hat er in die beiden faltigen Gesichter die Spuren der unersättlichen Gier nach Gold eingegraben!

Das Jahr 1634 bezeichnet nicht im

schwung zu erklären? Den alten niederländischen Künstlerbiographen, die ihre Künstlergeschichten aus wenig Wahrheit und vielem Klatsch zusammenstellten, ist dieser Umschwung auch nicht entgangen. Sie haben sich aber schnell zu helfen gewußt. Der eine erzählte, daß der junge Teniers schwere Mühe hatte, seine Bilder zu verkaufen, und daß er sich darum entschloß, seine Manier zu ändern. Andere berichten, daß er noch einmal bei dem genialen Darsteller des Bauern- und Kneipenlebens, bei Adriaen Brouwer, in die Lehre gegangen und durch dessen Unterweisung zu einem völlig neuen Stile gelangt sei. Das hat nun wieder die Urkundenforscher unserer Zeit verstimmt, weil sie aus den Listen der Lukas= gilde nachweisen konnten, daß Brouwer in dem Jahre 1631 auf 1632 als Freimeister aufgenommen war und daß dem jungen Teniers die gleiche Ehre ein Jahr später zu teil wurde. Der Lehrling von gestern kann doch nicht morgen schon selbst Meister sein? Und doch ist es so gewesen! Man muß nur neben den Zunftregistern auch die Holländer, d. h. für einen Niederländer aus den nördlichen Provinzen, gehalten. Jetzt hat sich aber herausgestellt, daß er in einer der südlichen Provinzen, wahrscheinlich in Oudenaerde, zur Welt gekommen ist. Er war also ein Vlame von Geburt, und das ist er als Mensch und Maler bis an sein frühes Ende geblieben, wenn er sich auch mehrere Jahre in Amsterdam und Haarlem aufgehalten hat, wo er Frans Hals in seiner

Abb. 5. Der Zeitungsleser. Kaiserl. Galerie in Wien.
Nach einer Photographie von J. Löwy in Wien.

Werke der eingetragenen Meister studieren und außerdem noch andere litterarische Quellen zu Rate ziehen.

In der That hat das plötzliche Auftreten Adriaen Brouwers in der Künstlerschaft Ant= werpens einen sehr starken und tiefen Ein= druck gemacht, und nicht bloß die Künstler, sondern auch die Behörden hatten mit ihm viel zu thun. Sein Debut in Antwerpen wurde dadurch einigermaßen getrübt. Er war, wie wir im Polizeiton unserer Tage sagen, ein sehr unzuverlässiger Kantonist, und für die Kunstgeschichte ist er es eigentlich heute noch. Man hatte ihn lange für einen blühenden Kraft antraf und sich ihm an= schloß. Es waren zwei durchaus gleichge= stimmte Naturen, die sich im Malen und im Trinken nichts nachgaben. Was Brouwer in Haarlem gelernt hatte, brachte er nach Antwerpen. Und es war nichts Geringes! In wenigen Monaten hatte er sich durch die hinreißende Genialität seiner nichts weniger als gesitteten Darstellungen aus holländischen und vlämischen Winkelkneipen und aus noch schlimmeren Spelunken eine geachtete Stellung unter den Antwerpener Künstlern und Kunst= freunden errungen, obwohl seine Lebensweise durchaus den Orten entsprach, aus denen er die Motive zu seinen übermütigen Bildchen holte. Selbst ein Mann wie Rubens verschmähte es nicht, sich mit ihm einzulassen, und er kaufte ihm sogar nach und nach fast anderthalb Dutzend Bilder ab, weil der große Meister mit scharfem Blick den genialen Funken erkannte, der aus diesem Abgrunde tiefster Verworfenheit aufblitzte. Nicht lange erfreute sich Brouwer dieser angesehenen Stellung. Denn schon ein Jahr, nachdem er als Meister in die Lukasgilde aufgenommen war, saß er als Staatsgefangener auf der Festung von Antwerpen, die sich in den Händen der spanischen Besatzung befand. Was er eigentlich begangen

Abb. 6. Ruhestunde. Reichsmuseum in Amsterdam.
(Nach einer Aufnahme von H. F. Oelrichs im Haag.)

halte, ist noch nicht genügend aufgeklärt worden. Es ist jedoch wahrscheinlich, daß er in jüngeren Jahren auf seiten der Holländer gekämpft und an der Belagerung von Breda teilgenommen hat. Ein unvorsichtiges Wort, vielleicht auch eine Prahlerei des Künstlers mag die Spanier veranlaßt haben, ihm einen kleinen Denkzettel zu geben. Denn allzu schwer ist ihm die Haft nicht gemacht worden. Während der zehn Monate nämlich, die er auf der Festung zubrachte, — es muß ein „fideles Gefängnis" gewesen sein — machte er 500 Gulden (nach unserem Gelde 8000 Mark!) Schulden für seine Verpflegung. Das erklärt sich dadurch, daß sich innerhalb der Festung eine besondere Bäckerei, eine Brauerei und — was die Hauptsache war! — eine Wein- und Bierkneipe befand. Als er dann auf Verwendung einflußreicher Gönner seine Freiheit wieder erhielt, mußte zuerst ein guter Freund seine Schulden bezahlen.

An diesen Mann, der trotz solcher üblen Erfahrung bis an seinen schon im Jahre 1638 erfolgten Tod ein unverbesserlicher Trinker, Spieler und Schuldenmacher blieb, schloß sich der junge Teniers um das Jahr 1634 an. An ein wirkliches Lehrverhältnis darf man dabei nicht denken. Denn Teniers war ja schon selbst Meister, konnte also bei einem anderen nicht als Lehrling eintreten. Zudem wäre dies bei der mißlichen Vermögenslage Brouwers etwas schwierig gewesen. Denn schon seine Zeitgenossen erzählten von Brouwer, daß er seine Bilder meist in derselben Schenke gemalt hätte, die er darauf in allen ihren schmutzigen Einzelheiten darstellte. In einer solchen Taverne wird auch der junge Teniers, obwohl er gewohnt war, in besseren Kreisen zu verkehren, die Bekanntschaft des genialen Mannes gemacht haben, um ihm die Geheimnisse seiner Kunst abzulernen, mit denen Brouwer selbst die größten Meister der Antwerpener Schule zur Hochachtung und Be-

Abb. 7. Der Raucher. Im Privatbesitz zu Paris.
(Nach einer Originalphotographie von Braun, Clément & Cie. in Dornach i. E. und Paris.)

auf den Bildern des gelehrigen Schülers wieder. Auch das auf einen tiefen, kühl grauen Ton gestimmte Kolorit, die kräftig deckende, malerische Behandlung und das fette Aufsetzen der hellen Lichter entsprechen so genau den letzten Jahren Brouwers, daß man sich nicht wundern kann, daß manche Gemälde von Teniers in den Galerien den Namen „Brouwer" tragen. Erst in der neuesten Zeit ist es dem Scharfblick der Specialforscher gelungen, die Unterschiede festzustellen, die die Werke des Nachahmers von denen seines Vorbildes trennen.

Was Brouwer, den nur die bitterste Not und der härteste Zwang zum Malen trieb, an Kneipenbildern, an Rauchern und Trinkern der Nachwelt zu wenig hinterlassen hat, hat Teniers in seinem langen Leben reichlich ersetzt. Als wohlerzogener, vorsichtiger Mann klebte er nicht so fest am Stoff, an seinen Modellen und ihrer Umgebung, daß er wie Brouwer im Sumpf stecken blieb und unterging. Er war immer Herr seiner selbst, und noch lange nach Brouwers Tode, als dieser vielleicht schon vergessen oder durch den alle übrigen Antwerpener Genremaler überstrahlenden Ruhm Teniers' verdunkelt worden war, malte dieser immer noch Kneipscenen und Wirtshausstuben in der Art Brouwers, weil seine Gönner danach verlangten. Sie hatten einen anderen Geschmack, als der im Perückenstil großgewordene, immer auf Stelzen schreitende Sonnenkönig Ludwig XIV, der ein-

wunderung gezwungen hatte. Da Teniers minder genial und selbständig, dafür aber ein schmiegsamerer und vielseitigerer Künstler war, gelang es ihm bald, sich die Art Brouwers anzueignen. Von Jahr zu Jahr folgte er der weiteren Entwickelung seines Vorbildes, so daß seine in den Jahren 1634 bis 1638 entstandenen Wirtshausbilder das Echo Brouwerscher Kunst sind. Die Motive der Kompositionen, die Typen der Figuren, ihre verkniffenen und bis zur Karikatur verzerrten Gesichter, ihre Trachten, ihr Gebaren, die halbdunklen, kellerartigen Räume, die darin enthaltenen Möbel, Gerätschaften, ja die ganze von Tabaksrauch erfüllte Atmosphäre — alle diese unentbehrlichen Bestandteile eines Brouwerschen Gemäldes kehren mal, als man ihm solche Wirtshausbilder von Teniers vorwies, in die entrüsteten Worte ausbrach: „Otez-moi ces magots!" „Schafft mir diese Affengesichter fort!" Und sie haben wirklich etwas von den Affenmenschen, die die neueste Naturforschung konstruiert hat. Es sind Mißgeburten an Körper und Seele, und selbst das „Ewig Weibliche" spielt in diesen Kneipenbildern den Bemühungen der Kunsthistoriker gelungen, einen weiten Horizont zu gewinnen und den Sinn ihrer Leser so über den Stoff zu erheben, daß der Gebildete sich danach gewöhnt hat, jedes Kunstwerk aus der Zeit seines Entstehens, aus den damaligen Sitten und geistigen Strömungen zu erklären. Darum bedürfen wir keiner weiteren Entschuldigung, wenn wir einige

Abb. 8. Die Raucher. Alte Pinakothek in München.
Nach einer Photographie von Franz Hanfstängl in München.

von Teniers — Brouwer wollte überhaupt nichts davon wissen — eine so klägliche Rolle, daß es einem Menschenfreunde, der nur seinen edlen Gefühlen nachgiebt, nicht zu verdenken ist, wenn er vor solchen Schilderungen tiefster, menschlicher Erniedrigung trauernd sein Haupt verhüllt. Aber die Natur hat dem menschlichen Geist zum Glück eine Mitgift gegeben, die auch Niedrigkeiten und Gemeinheiten mit einem leichten poetischen Schimmer verklärt und sie dadurch wenigstens für die Kunst erträglich macht: den Humor. In neuester Zeit ist es auch der Wirtshausscenen unseres Künstlers, so wie er sie geschaffen hat, in Abbildungen vorführen. Es ist nur eine kleine Auswahl; denn Teniers hat über hundert solcher Bilder gemalt, von denen fast alle öffentlichen Galerien Proben aufzuweisen haben. Von unseren Reproduktionen stehen der Brouwerschen Art am nächsten das Innere einer Dorfkneipe in der Münchener Pinakothek (s. Abb. 4), der Zeitungsleser am Kamin in der kaiserlichen Galerie zu Wien (s. Abb. 5), die Ruhestunde im Reichsmuseum zu Amsterdam (s. Abb. 6), der Raucher im

Privatbefitz zu Paris (f. Abb. 7) und die mit der Jahreszahl 1650 bezeichneten Raucher in der Münchener Pinakothek (f. Abb. 8). So lange wirkte der Einfluß Brouwers im großen und ganzen nach, wenn auch im einzelnen zu merken ist, daß Teniers allmählich einen feineren Ton in diese ungebärdige Gesellschaft zu bringen suchte. Wie ihm das schließlich gelang, ersehen wir aus dem Rauchkollegium in der Dresdener Ga-

Wirtsstube, die sich ebenfalls in der an Werken des Meisters besonders reichen Münchener Pinakothek befindet (f. Abb. 13). Auch eine Zeichnung des Dresdener Kupferstichkabinetts, auf der ein auf einer Tonne stehender Dudelsackspieler den Mittelpunkt der Komposition bildet (f. Abb. 14), scheint eine Vorstudie zu einem solcher Bilder in der Brouwerschen Art zu sein.

Wenn wir diese ganze Gruppe von Bil-

Abb. 9. Das Rauchkollegium. Galerie in Dresden.
Nach einer Photographie von Franz Hanfstängl in München.

lerie (f. Abb. 9), wo sich bereits ein fein gearteter Jüngling unter die wüsten Zechkumpane gemischt hat, aus den Puffspielern von 1641 (f. Abb. 10, in der Berliner Galerie), aus der von 1643 datierten Antwerpener Wirtshausstube in der Münchener Pinakothek (f. Abb. 11, in der bereits trotz Trunk und Spiel milde Sitten herrschen, die nur einer im Vordergrunde durch eine plumpe Vertraulichkeit gegen die bedienende Magd zu stören sucht, aus einer Wirtsstube im Berliner Privatbesitz (f. Abb. 12) und aus dem 1645 gemalten Bauerntanz in einer

dern betrachten, finden wir, abgesehen von den überall wiederkehrenden Typen, gewisse Züge, gewisse Merkmale, die allen gemeinsam sind. Fast immer fällt das Licht von links durch ein hoch oben unter der Deckenwölbung angebrachtes Fenster in den halbdunklen tellerartigen Raum. Oft blickt ein Bauer oder eine Bäuerin neugierig durch das offene Fenster auf das lustige Treiben herab, oder ein Krug steht einladend auf der Fensterbrüstung. Was diese Räume an Tischen, Sitzgelegenheiten, Biertonnen, Trinkgefäßen, Flaschen, Küchengeräten und sonstigen

Mobilien enthalten, ist mit jener schon bei den Erstlingswerken des Künstlers gerühmten Sorgfalt gemalt, der kein Gegenstand zu gering ist, um nicht eine liebevolle Charakteristik zu verdienen. Und wenn Teniers auch gerade nicht, wie eine Anekdote von Dou erzählt, an einem Besen drei Tage lang gemalt hat, so darf er sich doch in der Ausführung aller dieser Kleinigkeiten mit den besten Stilllebenmalern messen. Selbst seine alte Neigung, die Wände seiner Innenräume mit Kunstwerken zu schmücken,

daß Teniers mit vollem Bewußtsein ein Nachahmer Brouwers war, ergiebt sich aus mehreren Thatsachen. In alten Bilderverzeichnissen, die noch bei Teniers' Lebzeiten aufgestellt waren, werden Bilder aus jener Zeit des Meisters, wo er sich an Brouwer angeschlossen hatte, noch besonders durch den Zusatz „in der Art des Brouwer" näher gekennzeichnet, ein Beweis, daß die Zeitgenossen wußten, in welchem Verhältnis der Abhängigkeit Teniers zu Brouwer gestanden hatte. Dann finden sich Gemälde von Teniers,

Abb. 10. Die Puffspieler. Königl. Gemäldegalerie in Berlin.

vergißt er nicht, wenn er sich auch, in Übereinstimmung mit dem ganzen Wesen dieser Lasterhöhlen, darauf beschränken muß, hier und da eine Zeichnung oder einen Kupferstich an die Wand zu heften. Von der Decke baumeln, wie man es noch heute in den Schifferkneipen findet, getrocknete Fische von seltsam-phantastischer Gestalt herab, und es ist unschwer, in ihnen die Elemente zu erkennen, aus denen sich später der Höllenspuk auf den Versuchungen des heiligen Antonius entwickelte.

Daß der enge Zusammenhang zwischen Brouwer und Teniers nicht etwa erst künstlich durch die kunstgeschichtliche Forschung unserer Tage konstruiert worden ist, sondern

auf denen einzelne Figuren aus Brouwerschen Bildern unmittelbar kopiert worden sind, was nicht weiter überraschen kann, da in jener Zeit der Begriff des geistigen und künstlerischen Eigentums entweder gar nicht vorhanden oder doch noch lange nicht so fein ausgebildet war, wie in unseren Tagen. Endlich hat Teniers alle Stoffgebiete behandelt, die Brouwer geläufig waren. Außer den Wirtshausscenen waren es besonders Baderstuben, in denen Bauern einer Operation unterzogen oder nach einer Schlägerei verbunden wurden. Das war auch etwas nach Teniers' Geschmack, nur daß er solche Darstellungen nach seiner Art viel mannigfaltiger gestaltete. Es war noch die glückliche Zeit, wo das ärztliche Gewerbe in voller Freiheit betrieben werden durfte, wo jeder Quacksalber, jeder Charlatan ohne eigene Gefahr am Leibe des lieben Nächsten nach Herzenslust herumkurieren konnte und dafür seinen Lohn einheimste. Solch ein Charlatan scheint der Zahnarzt in der Galerie zu Kassel zu sein (s. Abb. 15), der, von seinen Büchsen, Flaschen, Salbentöpfen und chirurgischen Instrumenten umgeben, mit triumphierendem

kann, ein abgekürztes Verfahren, das übrigens, wie die Sage geht, noch in unserem Jahrhundert auf dem flachen Lande, wo eine weit zerstreute Bevölkerung wohnte, üblich gewesen sein soll. Im Vergleich zu diesem Raume ist die Baderstube in der Galerie zu Kassel (s. Abb. 17) beinahe üppig ausgestattet. Wenigstens ist sie in zwei Abteilungen geschieden, in deren vorderer die vornehmeren Geschäfte der Chirurgie betrieben

Abb. 11. Flämische Zechstube. Alte Pinakothek in München.
Nach einer Photographie von Franz Hanfstängl in München.

Lächeln den Backenzahn vorweist, den er dem unglücklichen Jüngling im Hintergrund ausgerissen hat. Nach seiner eleganten, fast stutzerhaften Kleidung zu schließen, scheint ihm seine Kunst schon mehr eingebracht zu haben, als seinem Kollegen, dem Dorfarzt (in der Galerie zu Brüssel, s. Abb. 16), der in einem gar ärmlichen Raume, der zugleich als Apotheke dient, den Besuch einer Bäuerin, einer echt Brouwerschen Gestalt, empfängt. Sie hat ihm der Bequemlichkeit halber das Uringlas eines Kranken mitgebracht, der nicht zur Stelle geschafft werden

werden, während im Hintergrunde der Bartkratzer seines Amtes waltet. Überflüssigen Luxus durfte man freilich in den damaligen Barbierstuben nicht erwarten, und mit der Reinlichkeit wird es auch nicht besonders wohl bestellt gewesen sein. Selbst eines der notwendigsten Ausrüstungsstücke einer Barbierstube, einen Spiegel, sucht man vergebens. Dafür fehlt es nicht an einer Menge von Büchsen, Flaschen, Töpfen und Tiegeln, die allerhand unfehlbare Heilmittel enthalten, und auf einer Stange hockt eine Eule, die an dieser Stelle vielleicht als ein Symbol ärztlicher Weisheit aufzufassen ist. Bei der großen Genauigkeit und Schärfe, mit der alle Einzelheiten wiedergegeben sind, dürfen wir sicher sein, daß wir hier ein getreues Abbild der Wirklichkeit vor uns haben, ein wertvolles Dokument eines Zeitgenossen, das uns einen Einblick in den Kulturzustand einer großen Klasse der nordischen Bevölkerung im zweiten Drittel des XVII. Jahrhunderts gestattet. Dieser Gruppe von Bildern reihen wir noch den alten Dudelsackpfeifer im Buckingham-Palast in London

Niederlande waren schon im XIV. und XV. Jahrhundert einer der Hauptsitze der Alchemie gewesen, d. h. jener Wissenschaft, die die Vorläuferin der heutigen Chemie ist. Von den Niederlanden ist auch das alchemistische Problem, den „Stein der Weisen" zu suchen, der ewiges Leben und alle Güter der Erde verleihen sollte, ausgegangen, und selbst gelehrte Ärzte verschmähten es nicht, sich mit dieser Wissenschaft abzugeben, die freilich erst im Laufe des XVI. Jahrhunderts ihren schwindelhaften, betrügerischen Charakter an-

Abb. 12. Wirtsstube. Im Besitze des Herrn Carl Hollitscher in Berlin.

(s. Abb. 18) an. Nicht gerade er, aber doch der hinter ihm sichtbare, lesende Bauer mit seinem aufgedunsenen, verkniffenen Schnapsgesicht ist wieder eine echt Brouwersche Gestalt.

In alten Auktionskatalogen liest man, daß Brouwer auch Alchemisten und Versuchungen des heiligen Antonius gemalt habe. Erhalten scheint sich keines dieser Bilder zu haben. Aber ihren Reflex sehen wir in einer Reihe Teniersscher Bilder, der gerade diese beiden Stoffe mit besonderem Eifer behandelte. Konnte er doch hier seiner Phantasie freien Lauf lassen und dem alten Hang seiner Volksgenossen zu Spukhaftem und Abenteuerlichem nach Herzenslust frönen. Die

nahm. Die Alchemisten, die uns Teniers vorführt, scheinen nicht zu dieser Sorte von Schwindlern zu gehören. In dem Laboratorium des einen (in der Galerie im Haag, s. Abb. 19) sieht es sogar ganz wissenschaftlich, gar nicht nach einem Charlatan aus, und Teniers hat denn auch mit der Gründlichkeit, die strenger, wissenschaftlicher Forschung gebührt, den eigentümlich konstruierten Herd, die zahlreichen Retorten und Schmelztiegel, die Büchsen und Flaschen mit den geheimnisvollen Ingredienzien, den Elixiren, Mixturen und metallhaltigen Gesteinen wiedergegeben. Nur ein an der Wand aufgehängter Pferdeschädel erinnert an den Zauber, den der altgermanische Glaube mit dem

Rosse verband. Noch weniger scheint ein zweiter Alchemist, der in seiner Werkstatt auf einem Bilde der Dresdener Galerie dargestellt ist (s. Abb. 20), Ursache zu haben, sein Treiben vor der Öffentlichkeit geheim zu halten. Er macht ganz den Eindruck eines würdigen Gelehrten, eines Universitätsprofessors, der sich den Luxus gestatten kann, schon mit zwei Gehilfen zu arbeiten. Auch der Mann, der im Hintergrunde am Tische sitzt und dem neben ihm Sitzenden ein

ein gutes Einvernehmen bewahren mußten, konnte nichts dagegen haben, wenn einmal ein Künstler seiner grotesken Laune allzu sehr die Zügel schießen ließ, und für die Laien war eine solche Spukgeschichte ein gar köstlicher Augenschmaus. Das Motiv scheint unsterblich zu sein. Es ist besonders auch in der modernen französischen Malerei unseres Jahrhunderts gepflegt worden. Aber ganz im Gegensatz zu den ehrbaren Niederländern haben die modernen Franzosen ihre Stärke darin ge-

Abb. 13. Bauerntanz in einer Wirtsstube. Alte Pinakothek zu München.
Nach einer Photographie von Franz Hanfstängl in München.

Fläschchen anbietet, scheint ein Famulus des Magisters zu sein. Der Bauer, der seinen Kopf durch ein offenes Fenster steckt und auf die Gruppe am Tisch herabblickt, hat wieder ein echt Browversches Gesicht.

Was Teniers in den Laboratorien der Alchemisten gesehen und gelernt hatte, konnte er zum Teil auf den Bildern verwerten, die die Versuchung des heiligen Antonius darstellen. Sobald die niederländische Genremalerei ihre Schwingen zu regen begann, wurde dieses Motiv ein Lieblingsgegenstand der Maler. Die Geistlichkeit, mit der die Künstler schon aus geschäftlichen Gründen

sucht, durch hüllenlose Entfaltung weiblicher Körperschönheit nicht bloß den armen Einsiedler in Versuchung zu führen, sondern noch viel mehr die Sinne der Leute zu reizen, die an solchen Bildern Freude haben. Die praktischen Niederländer gingen dagegen von dem Grundsatz aus, daß die Kleider erst die Leute machen. Und darum ist die Schöne, die der als Kupplerin verkleidete, aber an den unter der Haube hervorblickenden Hörnern wohl kenntliche Satan dem heiligen, aufs äußerste erschrockenen Manne zuführt, immer mit Sammet- und Seidengewändern, mit Spitzenkragen und -taschentüchern reichlich ausgestattet. Mit lieblichem Ernst bietet sie dem Heiligen ein Glas Rheinwein, unbekümmert um den tollen Spuk, der sie beide umtobt. Die getrockneten Fische, die Störe und Kabliaus, die sonst in den Wirtsstuben und Laboratorien an Bindfäden von der Decke herabbaumeln, sind hier lebendig geworden. Im Verein mit Fledermäusen und Eulen fliegen sie in der Luft herum, und zumeist dienen sie Fröschen und Riesenkäfern, die mit langen Lanzen ein Duell auf Tod und Leben ausfechten, als Reittiere. Ei-

gestellt. Im Mittelgrunde rechts sieht man den Heiligen im Gespräch mit einem benachbarten Einsiedler, dem heiligen Paulus, der vor seinem Häuschen sitzt. Den Hauptteil der Komposition nimmt aber die eigentliche Versuchungsscene ein, zu der ein als Bauer verkleideter Satansgehilfe die Musik macht. Er und der Bauer im Vordergrunde des Berliner Bildes sind wieder Gestalten von Brouwerschem Typus — ein Beweis, wie nachhaltig die Eindrücke gewesen sind, die Teniers von dem genialen Wüstling em-

Abb. 14. Der Dudelsackpfeifer. Zeichnung im Kupferstichkabinett zu Dresden.
(Nach einer Originalphotographie von Braun, Clément & Cie. in Dornach i. E. und Paris.)

dechsen, Schlangen, Heuschrecken und naturgeschichtlich nicht bestimmbare Fabelwesen kriechen auf dem Erdboden und schlängeln sich immer dichter an den Bedrängten heran. Dazu vollführen Gnomen mit Tierschädeln auf Fibeln und Flöten eine höllische Musik. Der Schauplatz ist immer eine Felsengrotte, von der man einen Ausblick auf ein Gebirgsthal genießt. Unter den Darstellungen dieses Motives sind die künstlerisch bedeutsamsten die in der Dresdener Galerie (s. Abb. 21) und die von 1647 datierte im Berliner Museum (s. Abb. 22). Auf dem Dresdener Bilde sind in der Grottenlandschaft zwei zeitlich auseinander liegende Vorgänge dar-

pfangen hat. Als ein in unserer bisherigen Bilderreihe völlig neues Element Teniersscher Kunst tritt uns dagegen auf dem Berliner Bilde die vornehme junge Frau in schwerem, schwarzem Seidenkleide vor Augen. Sie führt uns wieder zu den persönlichen Verhältnissen des Meisters.

Als Maler war er fremden Einflüssen leicht zugänglich, als Mensch hat er aber das Sprichwort, daß böse Beispiele gute Sitten verderben, Lügen gestraft. Der Umgang mit Brouwer, die dunstige, einschläfernde Atmosphäre der Schnapskneipe hatten der anerzogenen Ehrbarkeit des Antwerpener Meister- und Bürgersohnes nichts anzuhaben

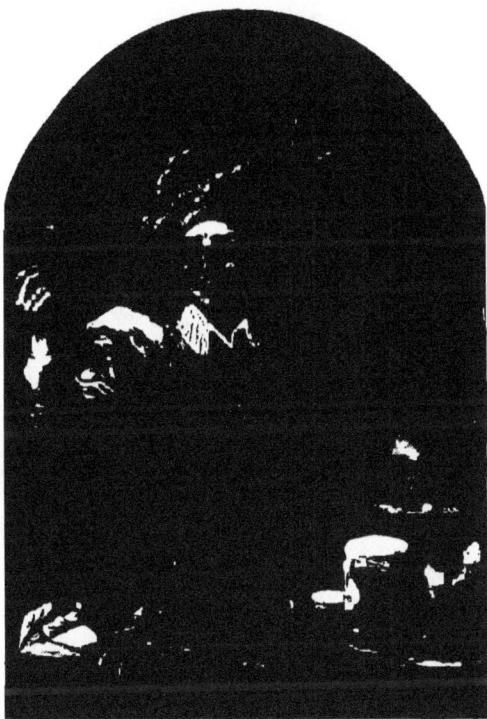

Abb. 15. Der Zahnarzt. Galerie in Kassel.

vermocht, und seine Erwerbsfähigkeit scheint
auch nicht darunter gelitten zu haben, da
er schon im Jahre 1637 einen eigenen
Hausstand gründen konnte.

Seine Auserwählte war Anna Breughel,
die Tochter eines der hervorragendsten Maler
Antwerpens, des Jan Breughel, der von der
Pracht, mit der er sich zu umgeben liebte,
den Beinamen „Sammet-Breughel" erhalten
hatte. Anna Breughel war im Oktober
1620 in der St. Jakobskirche getauft worden.
Einer ihrer Taufpaten war der Edelmann
Paul van Halmale, und dieser wohnte als
Zeuge auch ihrer Trauung bei, die am
22. Juli 1637, wiederum in der St. Jakobskirche, vollzogen wurde. Ihm zur Seite
standen als Trauzeugen der alte David
Teniers und Annas Vormund — Peter
Paul Rubens.

Es ist das erste Mal, daß der Name
dieses Großmeisters, soweit die Urkunden spre-

chen, in das Leben unseres Künstlers tritt. —
Bei dem Interesse, das sie beide für Brouwer
hegten, ist es aber selbstverständlich, daß es
nicht die erste Begegnung der beiden Künstler war, die, wenn auch jeder auf eigenem
Wege, die vlämische Malerei des XVII.
Jahrhunderts zur höchsten Blüte gebracht
haben. Diese neue Beziehung hat aber jedenfalls den Anlaß zu einer engeren Ver-
knüpfung der beiden Familien gegeben, und
sie ist von Einfluß auf Teniers' spätere
künstlerische Entwickelung geworden. Als
Anna Breughel ihrem Gatten im Juli 1638
das erste Kind schenkte, war Rubens' zweite
Frau, die schöne Helene Fourment, Patin.
Die Familien betrachteten sich also als eben-
bürtig, und es scheint demnach, daß der gute
Ruf der Teniersschen Familie durch die be-
denklichen Finanzoperationen ihres Ober-
hauptes nicht gelitten hat oder daß allmählich Gras darüber gewachsen ist. Auch)

in pekuniärer Hinsicht machte Teniers eine sehr vorteilhafte Partie. Bei dem Verspruch der jungen Leute, der am 4. Juli 1637 im Hause der Witwe des Malers Hendrik van Balen stattgefunden hatte, konnte Teniers, der bis dahin alles für seinen Vater geopfert hatte, nur angeben, daß er als Mitgabe „alles, was ihm an Malereien und dergleichen Künste gehörte", in die Ehe brächte. Er schätzte dieses etwas imaginäre Besitztum auf 2400 Gulden, während sich

wers tritt dessen Einfluß, soweit das Kolorit in Betracht kommt, in Teniers' Bildern zurück. An die Stelle des bräunlichen Gesamttons tritt ein warmer Goldton, die Lokalfarben werden reicher, leuchtender und blühender, so daß manche Bilder wie ein Farbenbouquet wirken, und die großen, meist sehr figurenreichen Kompositionen erfüllt ein dramatisches Leben, das man bis dahin nur selten auf Bildern des Künstlers angetroffen hatte. Man erklärt wohl mit Recht diesen

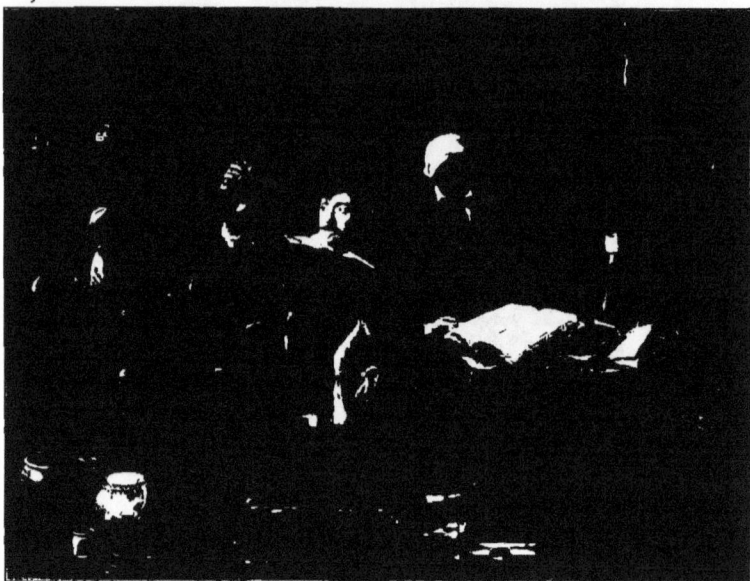

Abb. 16. Der Dorfarzt. Galerie in Brüssel.

die Mitgift der Braut auf 7037 Gulden belief, die jährlich 400 Gulden Zinsen eintrugen. Außerdem brachte sie noch ein von Rubens gemaltes Doppelbildnis ihrer Eltern, ein Gemälde und viele Zeichnungen ihres Vaters mit.

Um so eifriger war Teniers darauf bedacht, die gemeinsame Habe zu mehren. Das konnte nur durch eine verdoppelte Betriebsamkeit geschehen, und so fällt denn gerade in das Jahrzehnt von 1640 bis 1650 nicht nur die verhältnismäßig größte Zahl seiner Bilder, sondern auch der höchste Aufschwung seiner Kunst. Bald nach dem Tode Brou-

Umschwung aus dem Einfluß, den jetzt Rubens auf Teniers auszuüben begann. Hatte doch der große Meister selbst im letzten Jahrzehnt seines Lebens allmählich seine koloristische Ausdrucksweise geändert. Von der feurigen Glut, dem majestätischen Pomp seiner großen Kirchenstücke, seiner mythologischen und geschichtlichen Gemälde war er zu einer intimeren Auffassung und Ausübung seiner Kunst gelangt. Er mischte nicht mehr, wie man früher gesagt hatte, Blut unter seine Farben, er bevorzugte nicht mehr die starken, breiten Kontraste, sondern er neigte sich mehr und mehr einem blonden Tone, einer stärkeren

2*

Wirkung der Lokalfarbe zu. Auch der Maßstab seiner Bilder wurde kleiner, und je
mehr er sich auf seinem Schlosse Steen in
die Einsamkeit des Landlebens vergrub, desto
mähenden oder von der Ernte heimkehrenden
Landleuten belebte, und damals entstanden
auch seine beiden berühmten Bauerntänze im
Louvre zu Paris und im Pradomuseum zu

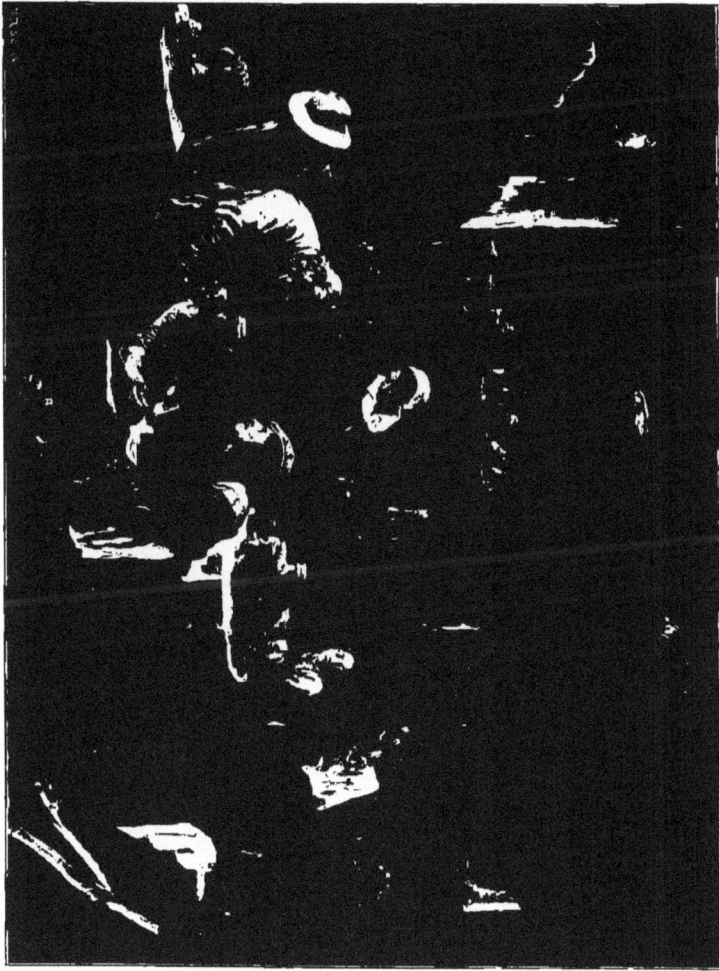

Abb. 17. Die Baderstube. Galerie in Kassel.

größeres Interesse nahm er an den Arbeiten
und Belustigungen des Landvolkes, an den
idyllischen Reizen der Natur. Gerade in
den letzten Jahren seines Lebens malte er
eine Reihe von Landschaften, meist aus der
Umgebung von Mecheln, die er mit ackernden,
Madrid. Es sind die vollendetsten Schilderungen jener unbändigen Lebenslust, deren
ungestüme Äußerungen wir noch heute, wenn
sie sich irgendwo bei uns zu Lande zeigen,
„vlämisch" nennen, moderne Bacchanalien,
die alle Schranken des Gesetzes und der

guten Sitte rücksichtslos durchbrechen. —
Teniers sah wohl ein, daß er auf diesem
Wege dem großen Genius nicht folgen konnte.
Hatte dieser seine Bauern und Bäuerinnen
zu herkulischen und üppigen Prachtgestalten
idealisiert, so hielt sich Teniers nach seiner
Weise getreulich an die Wirklichkeit, an die
Gestalten und die Trachten, die er vor Augen
sah, an die ländlichen Wirtshäuser, in denen
sich an Feier- und Kirmeßtagen die Ver-

Bilder des Künstlers ist, in dem Rubens'
Einfluß schon völlig zum Durchbruch gekommen ist (Abb. 23). Im übrigen stellt
es nur ein einfaches, improvisiertes Sonntags-
vergnügen dar, wobei ein Drehorgelspieler
und ein Knabe mit einem Triangel die bescheidene Tanzmusik stellen. Das Wirtshaus
trägt zwar auch einen Halbmond als Zeichen;
aber es ist nicht zu verwechseln mit dem
stattlichen Wirtshaus zum Halbmond vor

Abb. 18. Der Dudelsackpfeifer. Buckinghampalast in London.

gnügungen der Dörfler, ihre Spiele, ihre
Zech- und Eßgelage und vornehmlich ihre
Tänze, Einzel- und Reigentänze, abspielten.
Es herrscht immer ein freundliches, helles
Sonnenwetter, und vor den Höfen und
Vorplätzen der Wirtshäuser genießt man stets
einen Blick auf die Gasse und die Häuser
des Dorfes, auf stattliche Baumgruppen, auf
nahe liegende Herrensitze. An der Spitze
dieser Bilder steht ein von 1640 datierter
Bauerntanz vor einem bescheidenen Wirtshause im Berliner Museum, das in so fern
ein besonderes Interesse gewährt, als es das
erste der mit einer Jahreszahl versehenen

den Thoren Antwerpens, das z. B. auf
einem 1641 gemalten Bilde der Dresdener
Galerie den Hintergrund eines lustigen Kir-
meßtreibens bildet. Wie eine wirklich vlämische
Kirmeß aussieht, zeigt uns auch ein in
den vierziger Jahren entstandenes Bild der
kaiserlichen Galerie zu Wien (s. Abb. 24),
wo das Wirtshaus, von dessen Giebel eine
Fahne mit dem Bilde des heiligen Michael, des
Schutzpatrons des Oktoberfestes, herabhängt,
ebenfalls das Zeichen des Halbmondes zwischen zwei österreichischen Wappenschilden
trägt. Solche Kirmesse hatten ursprünglich
mit dem Kirchweihfeste nichts zu thun. Erst

später hat man sie damit in Zusammenhang gebracht, um ihnen ein kirchliches Gepräge zu geben, was allerdings nur selten gelang. Es waren Erntedankfeste, die in ihren Ursprüngen auf heidnische Opferfeste zurückgehen, und „heidnisch" ist es, trotz aller Fortschritte der Kultur, von jeher auf diesen Kirmessen zugegangen. Daß sich die Vlamen ganz besonders dabei hervorthaten, liegt tief in ihrer Stammesnatur begründet. An Völlerei im Schmausen und Trinken, an wilder Lust beim Tanz und in anderen Ausschweifungen

Gesellschaft, meist behäbige Männer und Frauen in gesetztem Alter, die sich zum Schmausen und Zechen um eine Tafel gruppiert haben, dann das junge Volk, das in Paaren tanzt oder sich im Reigen schwingt, der Dudelsackpfeifer auf einer Tonne und eine Gesellschaft vornehm gekleideter Herren und Damen, die dem lustigen Treiben zuschauen wollen, sei aus Neugier, sei es, weil die Gutsherrschaft die Verpflichtung fühlt, dem Erntefest inmitten der Bauern und Gutsangehörigen beizuwohnen. Dabei kommt

Abb. 19. Der Alchemist. Galerie im Haag.

wurde Erkleckliches geleistet, und die Maler trugen kein Bedenken, alle diese Exzesse nach dem Grundsatze „Naturalia non sunt turpia" („das Natürliche ist nicht schändlich") getreulich zur Anschauung zu bringen. Teniers war noch einer der Zahmsten unter diesen Sittenschilderern. An den schlimmsten Dingen ging er entweder ganz vorüber oder er hatte doch so viel Feingefühl, sie in den Hintergrund, in eine dunkle Ecke zu verweisen.

Auch auf dem Wiener Bilde wird trotz der allgemeinen Fröhlichkeit und der derben Umgangsform der Anstand gewahrt. Es ist in der Komposition typisch für die von Teniers gemalten Kirmeßfeste: eine lustige

es bisweilen vor, daß sich ein Bauer bei der Aufforderung zum Tanz einer vornehmen Dame gegenüber eine nicht kavaliermäßige Zudringlichkeit erlaubt. Ein Nachklang dieses alten Brauchs besteht noch heute bei Erntefesten, wo der Großknecht das Recht hat, die Gutsherrin zum ersten Tanze zu führen.

Auf einem zweiten Bilde dieser Gruppe, das sich im Pradomuseum zu Madrid befindet (s. Abb. 25), sieht man die vornehmen Besucher noch im Hintergrunde, auf dem Platze vor der Kirche, während vorn ein Abgesandter, der mit dem Wirt spricht, das Terrain zu sondieren scheint, um sich zu vergewissern, daß der Teufel das Völkchen noch nicht beim Kragen hat. Auf einem dritten von 1652 datierten Bilde (s. Abb. 26), das die Galerie zu Brüssel für den enormen Preis von 125,000 Francs angekauft hat, gestaltet sich die Ankunft der Gutsherrschaft sogar zu einem feierlichen Einzuge, durch den sich die Bauern freilich in ihrem Tanzen, Schmausen und Karessieren

mit schmausenden und zechenden Bauern und zwei im Vorbeigehen einsprechenden Büchsenschützen, dann ein kleines von 1651 datiertes Tanzvergnügen, anscheinend eine Episode aus einer Bauernhochzeit, in der Münchener Pinakothek und zuletzt ein etwas früher entstandener Bauerntanz in der kaiserlichen Galerie zu Wien, auf dem sich an vierzig Paare im Reigen schwenken. Es ist ein gar

Abb. 26. Der Alchemist. Galerie in Dresden.
(Nach einer Photographie von Franz Hanfstängl in München.)

nicht stören lassen. Auf einem vierten Bilde (s. Abb. 27) sind die Bauern wieder ganz unter sich. Kein vornehmer Zuschauer wird durch die ungenierten Auftritte verletzt, die sich an mehreren Orten des Wirtshaushofes in voller Behaglichkeit abspielen.

Bauernbelustigungen in kleinerem Stil geben unsere Abbildungen 28—30 wieder: ein Bild in der Ermitage in St. Petersburg, der Vorplatz eines ländlichen, auf einer Höhe gelegenen Wirtshauses, von dem man einen Blick auf ein fruchtbares, von weidendem Rindvieh belebtes Thal genießt,

lustiges Bild, in jener Art des Künstlers gemalt, die die Lokalfarben, hier die roten Mützen der Bauern und die weißen Hauben und Schürzen ihrer Tänzerinnen, keck hervorblitzen läßt, ob auch der bewölkte Himmel ein trübes Gesicht dazu macht und die Sonne nur mühsam einige Strahlen hinter der Gruppe großer Bäume im Mittelgrunde herausschießt.

Mit der Ansammlung einer so großen Zahl von Figuren auf einem verhältnismäßig beschränkten Raum war aber die Leistungsfähigkeit des Meisters noch keineswegs er-

schöpft. Auf dem schon genannten Kirmeßfeste der Wiener Galerie (s. Abb. 24) zählt
man etwa hundert Figuren. Das später zu
erwähnende Vogelschießen in Brüssel enthält
über 470, und noch beträchtlicher scheint

Berge im Hintergrunde thäte, würde uns die
Architektur belehren, daß wir plötzlich in ein
anderes Land geraten sind. Die Kirche mit
dem isolierten Glockenturme daneben, die dem
ganzen Bilde ihren Charakter giebt, und die

Abb. 21. Die Versuchung des heiligen Antonius. Königl. Gemäldegalerie in Dresden.
(Nach einer Originalphotographie von Braun, Clément & Cie. in Dornach i. E. und Paris.)

die Zahl der Figuren auf dem größten aller
Kirmeßfeste zu sein, die Teniers gemalt hat,
auf einem merkwürdigen Bilde der Münchener Pinakothek (s. Abb. 31). Es schaut
ganz anders aus, als die gewöhnlichen vlämischen Bauernfeste und Kirmesse, und wenn
es nicht schon die Reihe sanft geschwungener

Ecke eines Turmes oder gar eines ganzen
Palastes im trutzigen Befestigungsstile des
Mittelalters haben ein durchaus italienisches
Gepräge. Aber Teniers ist, im Gegensatz
zu vielen seiner Volksgenossen, nicht in Italien
gewesen. Zur Zeit, als er heranreifte, stand
die Italienmanie bei seinen malenden und

Abb. 22. Die Verlobung des heiligen Antonius. Königl. Galerie in Berlin. Nach einer Photographie von Franz Hanfstängl in München.

bildenden Genossen zwar noch in vollster
Blüte; aber er hatte sich schon so tief in
das vlämische Volkstum versenkt, daß er keine
Lust nach dem Wunderlande der Kunst ver-
spürte, das ihm, dem Sittenmaler, ohnehin
nur wenig bieten konnte. Glücklicherweise
ist die Lösung des Rätsels, das uns dieses
Bild aufgiebt, nicht schwer. Wir brauchen
dazu keine Reise des Künstlers nach Italien
zu konstruieren; denn er hat hier einmal
wieder, und zwar noch mehr als bei seinen
Nachahmungen Brouwerscher Bilder, mit

die wir heute als unkünstlerisch tadeln, vielleicht auch als nicht ehrenhaft verurteilen
würden, hat Teniers Erstaunliches geleistet.
Dem Kupferstecher und Radierer, der mit
dem Stichel und der Nadel hantiert und
einen nicht geringen Teil der Arbeit dem
Ätzwasser überläßt, konnte es nicht schwer
fallen, auf einer Platte eine unübersehbare
Menge von Figuren unterzubringen, die er
nur in den Umrissen zu skizzieren hatte.
Sie zu voller plastischer Erscheinung und
zu starker koloristischer Wirkung zu erheben,

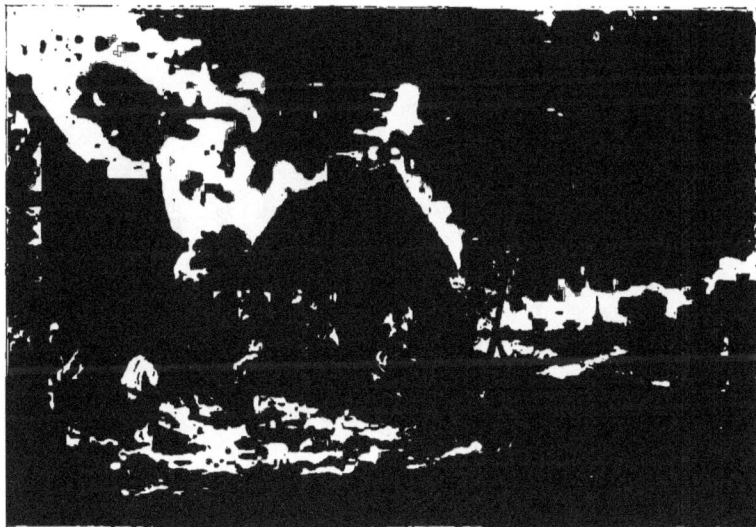

Abb. 23. Bauerntanz vor einem Wirtshause. Galerie in Berlin.
(Nach einer Photographie von Franz Hanfstängl in München.)

fremdem Kalb gepflügt. Sein Gemälde ist
nichts anderes als die malerische Übersetzung
eines Kupferstiches des genialen Jacques
Callot, dessen Blätter auch von Florenz,
wo er in dem Großherzog Cosimo II einen
edelmütigen Protektor gefunden hatte, nach
dem Norden gelangten. Ein florentinisches
Volksfest stellt nämlich der Kupferstich dar,
den Callot im Jahre 1620 vollendet und
seinem hohen Gönner gewidmet hatte, den
großen Jahrmarkt, der jährlich am St. Lukas-
tage, dem 18. Oktober, auf dem Platze vor
der Kirche Santa Maria dell' Impruneta
abgehalten wurde. Aber trotz der unbefangenen Verwertung eines fremden Motivs,

konnte nur einem Mann wie Teniers ge-
lingen, dem die Kleinmalerei im höchsten
Grade geläufig war. Er hatte sich allmählich
so daran gewöhnt, mit dem Spitzpinsel zu
arbeiten, daß er ihn wie einen Kreide- oder
Zeichenstift handhaben konnte, etwa wie
Dürer seinen Marderpinsel, mit dem er jedes
Haupt- und Barthaar einzeln malen konnte.
In dieser malerischen Virtuosität liegt das
künstlerische Verdienst, das Teniers an diesem
Bilde gebührt. Es hat nur leider durch eine
schlimme Behandlung arg gelitten. Der
Gesamtton des Bildes ist jetzt flau und un-
erfreulich, und die zahlreichen Figuren kommen
auch einzeln nicht zur Geltung, weil eine

Abb. 21. Der Mittwochtag. Kaiſerl. Galerie in Wien. (Nach einer Photographie von J. Löwy in Wien.)

Abb. 25. Slavische Ammen. Trabenmuseum in Madrid. (Nach einer Originalphotographie von Braun, Clément & Cie. in Dornach i. E. und Paris.)

Abb. 20. Flämische Kirmeß. Museum zu Brüssel.

Abb. 27. Dorfkirmeß. Rijksmuseum zu Amsterdam. (Nach einer Photographie von Franz Hanfstängl in München.)

Abb. 28. Ländliches Wirtshaus. Eremitage zu St. Petersburg.
(Nach einer Originalphotographie von Braun, Clément & Cie. in Dornach i. E. und Paris.)

grausame Verputzung oder Reinigung ihnen den Schmelz, den fröhlichen Reiz der für sich leuchtenden Farben geraubt hat. Jetzt kommt vorzugsweise das Interesse am Stoffe in Betracht und dabei gibt es so viel zu mit venezianischen Glasgegenständen auf der anderen Seite, auf den Galgen im Mittelgrunde rechts, an dem ein Übelthäter auf und nieder „gewippt" wird, und auf die vornehmen Equipagen und ländlichen Fuhrwerke,

Abb. 29. Bauernhochzeit. Alte Pinakothek in München.

sehen, daß wir nur auf einige Einzelheiten hinweisen wollen: auf die sich dem Kirchenportal im Hintergrunde nähernde Prozession, die dem Feste wenigstens einen Hauch von gottesdienstlichem Charakter gibt, auf die Bühne mit den Schlangenzauberern im Vordergrunde links, auf den Verkaufstisch die elegant gesattelten Reittiere und die derben Bauerngäule, woraus man sieht, daß hier ein echtes Volksfest gefeiert wird, an dem hoch und niedrig gleich lebhaften Anteil nimmt. Sogar Krüppel und Greise werden auf seltsamen Gefährten herangeschleppt, um von dem allgemeinen Vergnügen

etwas zu haben, das freilich hier nicht durch-
weg den Charakter eines vlämischen Gelages
an sich trägt, wenngleich in einem Trinkzelte
in der Mitte wacker gerauft wird.

Wie dieses Bild einer Volksbelustigung
im großen Stil unter den Werken des Künstlers vereinzelt dasteht, so ist ein Gleiches auch
mit einem Bilde der Nationalgalerie in London der Fall. Auch hier ist einem Volksver-
gnügen ein religiöses Mäntelchen umgehängt
worden. In einem Dorfe bei Antwerpen,
jenseits der Schelde, hat sich eine große,
aus allen Ständen gemischte Volksmenge

war er zu einem der Ziele seines Ehrgeizes
gelangt. Er konnte es Rubens gleich thun
und sich einen Landsitz in Perck, zwischen
Vilvoorde und Mecheln, erwerben, also in
derselben Gegend, wo Rubens' Schloß Steen
lag. Da Rubens 1640 gestorben war, hatte
Teniers freilich nicht mehr die Genugthuung,
ihn als Gutsnachbarn zu begrüßen. Dafür
hatte er aber das Bewußtsein, daß ihn nunmehr kein Größerer in seiner Nähe über-
strahlte und daß sich alle Herrengunst nun
von Schloß Dry Toren (Drei Türme) auf
die bäuerliche Umgebung ergoß. Man darf

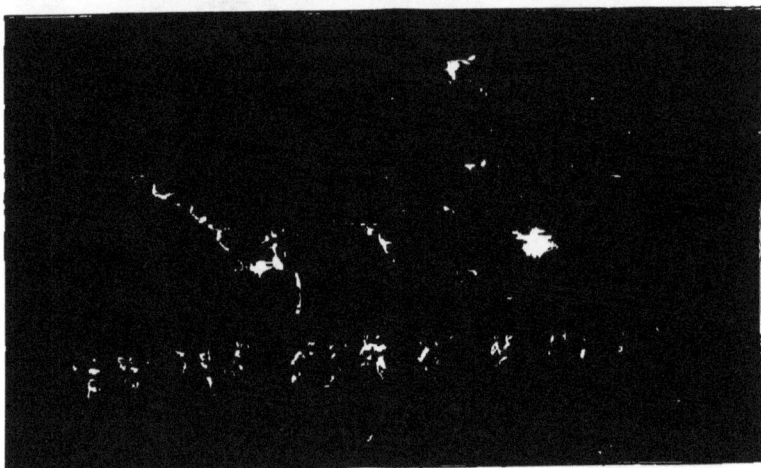

Abb. 30. Tanzende Bauern. Kaiserl. Galerie in Wien.
(Nach einer Photographie von J. Löwy in Wien.)

eingefunden, um einen Zug von Wallfahrern
zu empfangen, natürlich nach vlämischer Art.
In Erwartung des Schauspiels stärkt man
sich mit Speise und Trank, während Bauern
damit beschäftigt sind, in großen kupfernen
Kesseln Suppe zu kochen und die nötigen
Fässer Bier für die Gäste bereit zu stellen.
Um die Stimmung zu kräftigen und auf
der Höhe der nötigen Andacht zu erhalten,
trollt sich in der Menge ein Mann herum,
der Wallfahrtsfähnchen verkauft.

Dieses Bild ist 1643 gemalt worden,
und um diese Zeit oder doch nur wenig
später war Teniers bereits in der Lage,
alle diese Scenen gewissermaßen als Grand
Seigneur aus unmittelbarer Nähe zu studieren.
Schneller, als er es vielleicht selbst gehofft,

sich freilich von Teniers' „Schloß" keine über-
triebene Vorstellung machen. Es ist nämlich
noch zum großen Teile erhalten und läßt
erkennen, daß ein einfacher Bauernhof durch
drei stattliche, viereckige Türme zu einem
schloßartigen Aussehen aufgestutzt worden ist.

Nichtsdestoweniger ließ es sich Teniers
in diesem Landsitze wohl ergehen und mit
leidenschaftlicher Liebe hing er an seinen
Reizen. Denn er hat ihn oft und von allen
Seiten geschildert. Wohl die früheste dieser
Darstellungen ist ein Bild im Berliner
Museum (s. Abb. 31), das den Künstler
und seine Familie auf der zu einem Weiher
herabführenden Terrasse seines Schlosses
sitzend darstellt. In vornehme spanische
Tracht gekleidet, spielt er das Cello zur

Begleitung des Gesangs, den die neben ihm
am runden Tisch sitzende Gattin Anna und
sein hinter beiden stehender ältester Sohn
ausführen. Anna Brueghel wird in ihrem
Gesange durch den Eintritt eines Pagen
unterbrochen, der ein Brett mit einem Glase
und einer Kanne herbeibringt. Andere
Labung in Gestalt zweier inhaltreichen Flaschen harrt in einem metallenen Kühler des
Genusses. Auf einer Schutzmauer hinter
dem musikalischen Trio treibt ein Affe sein
Wesen, und über den Weiher hinweg blickt

berühmten Bruders vertrieb. Daß letztere
Auffassung irrig ist, beweist ein Bild der
Londoner Nationalgalerie (s. Abb. 33), auf
dem wir denselben Knaben in dienstfertiger
Haltung mit dem Hute in der Hand hinter
seiner Herrschaft sehen. Es ist einer jener
Pagen, die damals in keinem vornehmen
Haushalt fehlten, und daß Teniers ein Guts-
herr in großem Stile war, beweist auch der
Fischteich, den er an der Seite seiner Gattin
einer Dame zeigt. Ein alter Fischer naht
sich ihm mit entblößtem Haupte und weist

Abb. 31. Der Künstler mit seiner Familie. Museum in Berlin.

man auf das Dorf Perck und seine Kirche.
Aus dem Alter der dargestellten Personen
darf man schließen, daß das Bild etwa um
1645 gemalt worden ist. So schnell war
also der arme Künstler, der bei seiner Hoch-
zeit nichts weiter mitgebracht hatte als eine
Anzahl unverkaufter Bilder und die Aus-
sichten auf seine künstlerische Zukunft, zu
Wohlstand gelangt!

Man hat in dem Manne, der in der
Thür steht, einen älteren Bruder des Meisters,
in dem Knaben, der den Wein bringt, seinen
jüngsten Bruder Abraham erkennen wollen,
der später ebenfalls Maler, vornehmlich aber
Kunsthändler wurde, der die Werke seines

ihm einen eben gefangenen Hecht, während
seine Arbeitsgenossen in dem flachen Wasser
das Netz ziehen. Auf einem dritten, 1649
gemalten Bilde, das sich in Grosvenor House
in London befindet, sehen wir Teniers und
seine Gattin im Verkehr mit ihrem Gärtner,
und ein Bild der Münchener Pinakothek
bietet uns eine Gesamtansicht des Schlosses
zu den drei Türmen, über dem sich Gewitter-
wolken bei greller Beleuchtung zusammen-
geballt haben.

Um dieselbe Zeit ungefähr, wo er sein
Schloß erwarb, war sein Ansehen in der
Antwerpener Künstlerschaft schon so hoch ge-
stiegen, daß er auf das Jahr 1644/45 zum

Abb. 32. Der große Jahrmarkt in Florenz. Alte Pinakothek in München. Nach einer Photographie von Franz Hanfstängl in München.

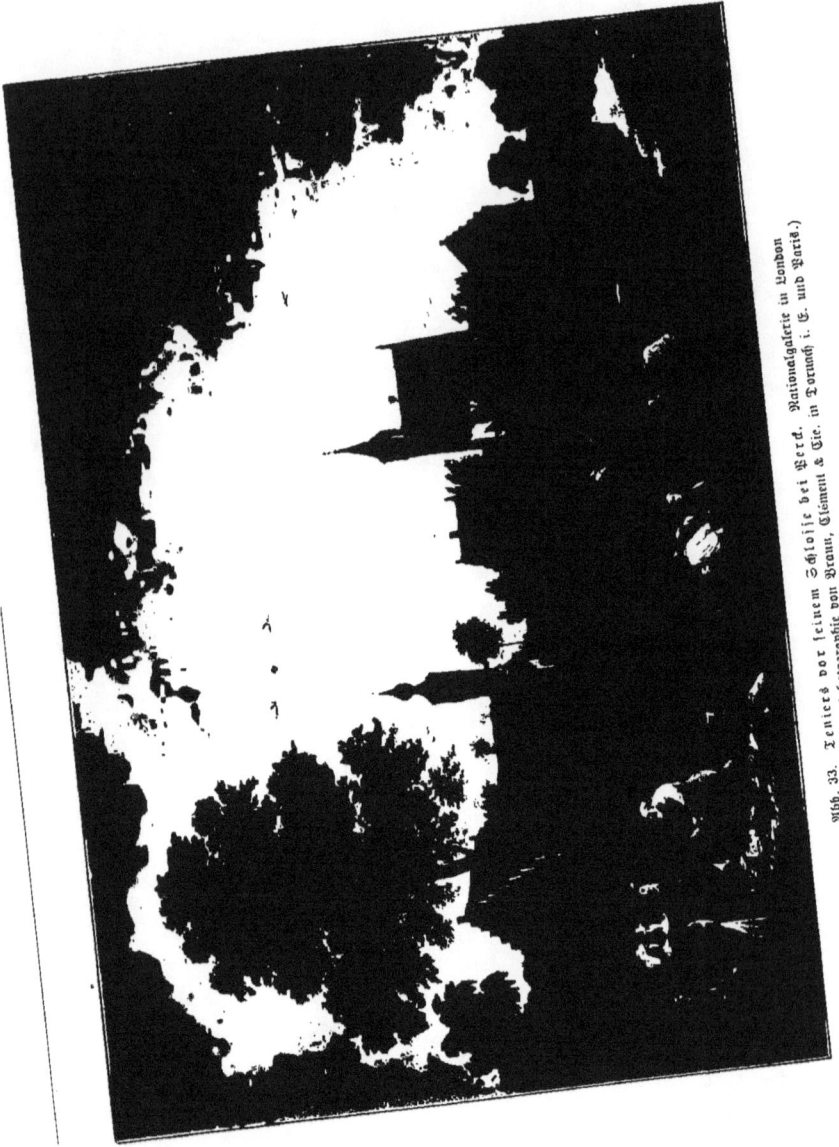

Abb. 33. Teniers vor seinem Schloss bei Perd. Nationalgalerie in London
(Nach einer Originalphotographie von Braun, Clement & Cie. in Dornach i. E. und Paris.)

Dekan der Lukasgilde erwählt wurde. Be= reits zwei Jahre vorher war ihm auch eine für einen Mann seines Alters außergewöhn= des Jubiläums ihres Dekans Godevaart Snyders ein figurenreiches Bild zu malen, auf dem die feierliche Begrüßung der aus

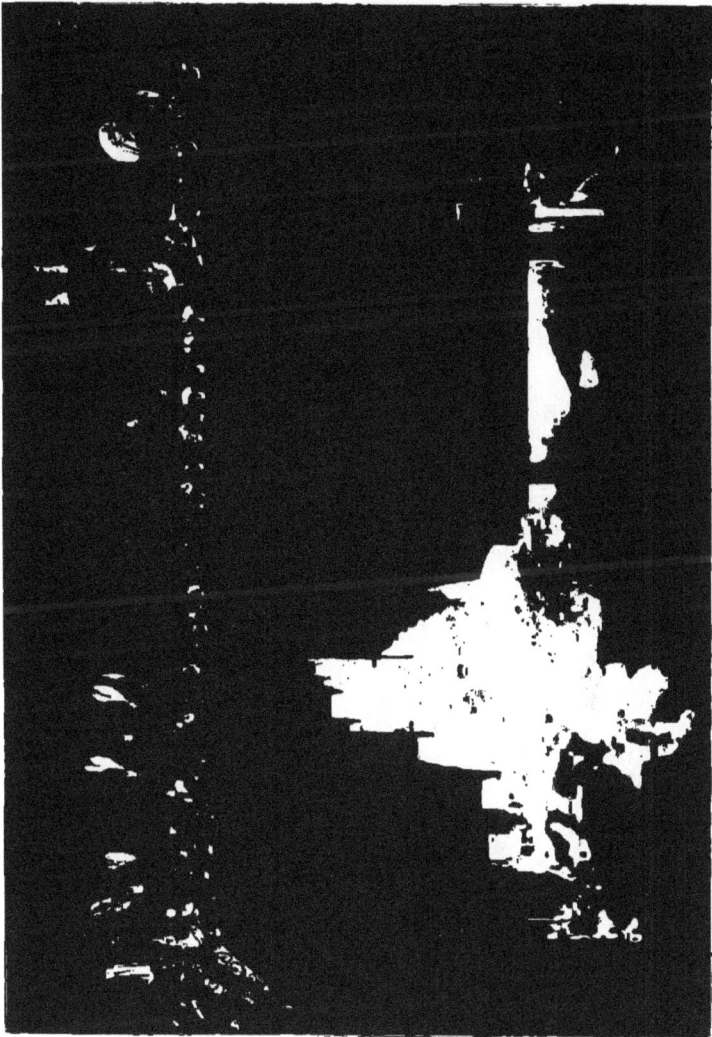

liche Ehrung zu teil geworden. Die Sanct Georgsgilde, eine der ältesten Bogenschützen= gesellschaften Antwerpens, erteilte ihm nämlich den Auftrag, zur Erinnerung an die Feier dem Rathause getretenen Magistratsmitglieder durch die Vorsteher der Gilde dargestellt sein sollte. Sie haben eben ihr Gildehaus ver= lassen, das in der rechts in das Bild hinein=

gehenden Brauerstraße (rue des brasseurs) auch andere Gilden, darunter die der Büchsen-
lag, und machen ihre Komplimente. Hinter schützen, teilgenommen, die faßt den ganzen
ihnen ist der Fahnenträger aufgestellt, und Platz einnehmen, und aus allen Fenstern

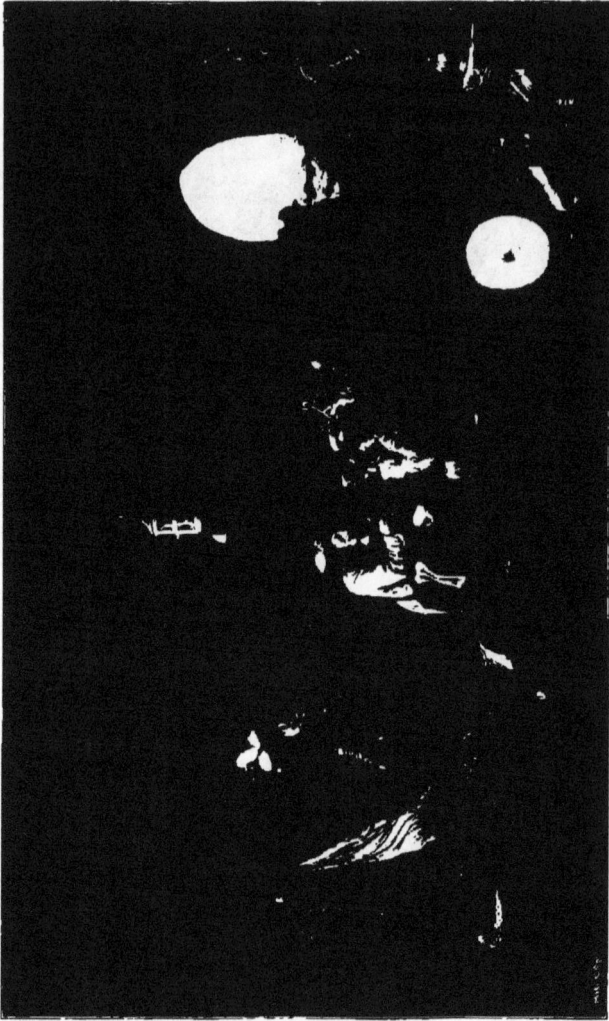

Abb. 35. Die Wachstube. Reichsmuseum in Amsterdam.

die beiden alten Diener der Gilde, deren blicken Schaulustige auf das festliche Treiben
Wämser mit silbernen Platten geschmückt herab. Waren doch diese Gilden, die sich
sind, bringen auf silbernen Tellern Kannen mit einem Schimmer von Ritterlichkeit und
mit Wein und goldene Pokale zum Be- Wehrhaftigkeit zu umgeben wußten, der Stolz
grüßungstrunk. An der Feierlichkeit haben aller reichen flandrischen Städte! Den Hinter-

grund bildet die prächtige Faffade des Stadt-
haufes, das in einer Nifche des Giebels die
Statue der Madonna, darunter die Stand-
bilder der Weisheit und Gerechtigkeit und
zwifchen diefen in Malerei das fpanifche
Wappen zeigt. Eigentlich ein Hohn auf die
Trümmer bürgerlicher Freiheit, die fich dort
unten gar pomphaft breit macht! Teniers,
der Klein- und Feinmaler, war der rechte
Mann dazu, um einen folchen Auftrag zu
allfeitiger Zufriedenheit auszuführen. Es

hielt, erregte das Bild feine Aufmerkfamkeit.
Die Georgsgilde glaubte, dem Mächtigen
einen Gefallen zu thun, indem fie ihm das
Bild anbot. Aber der König, der in Bezug
auf Teniers den Gefchmack feines Urgroß-
vaters geteilt zu haben fcheint, lehnte es ab.
Drei Jahre darauf war die Gilde fo tief in
Schulden geraten, daß fie fich zum Verkauf
der beiden Bilder von Rubens und Teniers
entfchließen mußte. Sie wurden durch Kopien erfetzt, und die Originale gingen für

Abb. 36. Chriftus mit Dornen gekrönt. Dudleygalerie in London.

galt, nicht weniger als 45 Porträts darauf
anzubringen, und alle diefe Männer in ihren
charakteriftifchen Eigentümlichkeiten zu er-
faffen, war keine Kleinigkeit, da die Figuren
im Vordergrunde nur 25 Centimeter groß
fein durften. Das Bild erhielt denn auch
feinen Ehrenplatz in der Gildeftube und behauptete fich dort felbft neben einem aus-
gezeichneten Werke von Rubens, der Bekrän-
zung des Mars durch Venus. Leider ift
diefes erfte Meifterwerk des Künftlers (f. Abb.
34) feiner Vaterftadt nicht erhalten geblieben.
Schon im Jahre 1746 drohte ihm eine Gefahr. Als Ludwig XV nach der Eroberung
der Stadt durch die Franzofen feinen Einzug

5000 Gulden nach dem Haag, wo fie fpäter
von dem Kurfürften von Heffen-Kaffel angekauft wurden. Das Bild von Rubens befindet fich noch in Kaffel; das Gemälde von
Teniers ift dagegen bis in die Ermitage in
St. Petersburg verfchlagen worden. —
		Obwohl Antwerpen unter der fpanifch-
öfterreichifchen Herrfchaft von den Stürmen
des dreißigjährigen Krieges nicht unmittelbar
zu leiden hatte, drang der Waffenlärm doch
auch oft genug in das friedliche Leben der
betriebfamen Handelsftadt. Spanifche und
öfterreichifche Söldner, die nach dem weiten
Kriegstheater gefandt wurden, fammelten fich
in den Hauptftädten der fpanifchen Nieder-

landе oder durchzogen sie
auf dem Wege nach dem
Süden, und da gab es denn
für ein Künstlerauge viel
zu sehen. Die Erinnerung
an die Blutgerichte Albas,
an die edlen Märtyrer Eg=
mond und Hoorn, war längst
erloschen. Man hatte sich
in dem katholischen oder
mit Gewalt katholisch ge=
machten Teil der Nieder=
lande mit den bestehenden
Verhältnissen schnell ver=
söhnt, und wie wenig sich
das vlämische Volk in sei=
nem unverwüstlichen Froh=
sinn durch die Fremdherr=
schaft stören ließ, haben
wir aus den Bauernbe=
lustigungen, den Kneip=
stuben und den großen Kir=
meßfesten unseres Künstlers
kennen gelernt. Wie sich
das spanische Wappen mit
dem österreichischen Dop=
peladler vertrug, so har=
monierte auch das vlämische
Volk mit den spanischen
und österreichischen Sold=
truppen. Erst in unserem

Abb. 37. Abrahams Dankopfer. Kaiserl. Galerie in Wien.
(Nach einer Photographie von J. Löwy in Wien.)

Jahrhundert, als eine Contrerevolution die
katholischen Niederlande von dem protestan=
tischen Holland losriß, wurde das Gedächtnis
derer, die dem Henkerbeil der Spanier zum
Opfer gefallen waren, wieder zu Ehren gebracht.

Teniers und alle seine Kunstgenossen kamen
also nicht in die Verlegenheit, sich in po=
litische Demonstrationen einzulassen. Sie
mochten sich wohl auch erinnern, wie schlecht
sie einst dem Renommisten Brouwer bekom=
men waren. Nur allein der malerische Reiz
bewog Teniers, sein Interesse auch dem
Treiben der Soldateska zuzuwenden, die er
freilich zumeist bei einer friedlichen Beschäf=
tigung, bei ihren Vergnügungen in der Wacht=
stube, darstellte. Schon diese kellerartigen,
gewölbten Räume boten ihm die schönste Ge=
legenheit, zu zeigen, daß er es in der kolo=
ristischen Behandlung des Halbdunkels mit
den besten Holländern aufnehmen konnte.
Man macht überhaupt die Beobachtung, daß
trotz der politischen Trennung der nördlichen
und südlichen Niederlande die Genremalerei

beider Landesteile in engem Zusammenhang
blieb, während sich die religiöse Malerei
großen Stils im Norden und Süden —
unter dem Einflusse der verschiedenen Be=
kenntnisse — entgegengesetzten Zielen zuwandte.
Ein Prachtbild wie Teniers' Wachtstube im
Reichsmuseum zu Amsterdam (von 1641 da=
tiert, s. Abb. 35) bleibt hinter keinem der
holländischen Feinmaler, Dou inbegriffen,
zurück. Man beachte nur die Harnische, die
Sturmhauben und andere Rüstungsteile, die
Trommeln, Pauken und Waffen, die im
Vordergrunde zu geschickt komponierten Still=
leben aufgebaut worden sind, die von der
Decke herabhängende Laterne und den anderen
Kleinkram zwischen den Gruppen der Sol=
daten! In ihrer Beschäftigung unterscheiden
sie sich nicht von dem, was die Bauern und
kleinen Handwerker in ihren Schenken thun:
sie spielen Karten, sie trinken, rauchen und
wärmen sich am Kaminfeuer, über dem auch
der bekannte Schmuck der Brouwerschen und
Teniersschen Wirtsstuben, der an die Wand

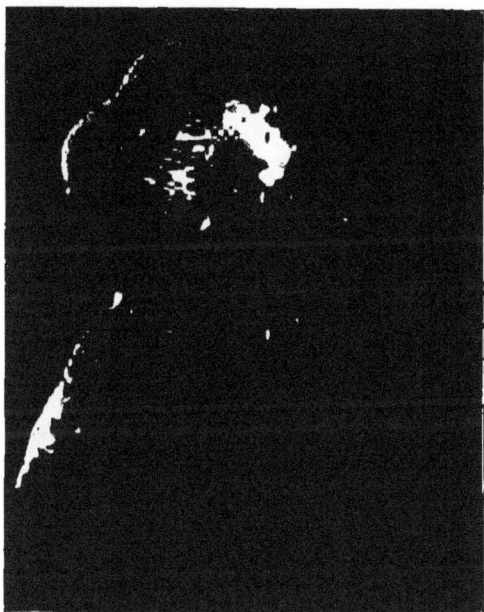

Abb. 38. Bildnis eines alten Mannes. Kaiserl. Galerie in Wien.
(Nach einer Photographie von J. Löwy in Wien.)

Art, in den Grenzen sei-
ner Begabung und seiner
Kunst zurecht, weil er eben
klug genug war, um ein-
zusehen, daß er es mit den
Großmeistern der religiösen
Malerei, mit Rubens, van
Dyck, Jordaens, de Crayer
u. a. nicht aufnehmen konnte.
Selbst wenn er sich enger
an eines dieser Vorbilder
anschloß, wie z. B. an Rubens in einem Bilde der
Schweriner Galerie „Da-
niel in der Löwengrube,"
ging er geschickt allen
Schwierigkeiten aus dem
Wege, die zu für ihn nach-
teiligen Vergleichen hätten
herausfordern können. Noch
mehr als es Rubens gethan,
rückte er den Propheten in
den Hintergrund und machte
die Löwen zur Hauptsache,
freilich ohne ihnen die ma-
jestätische Wildheit mitzu-
geben, die Rubens' Löwen
und Tiger zu Furcht und
Entsetzen erregenden Ge-
schöpfen stempelt.

genagelte Kupferstich mit einem Kopf nicht
fehlt. Mit ganz besonderer Meisterschaft ist
hier aber noch die doppelte Wirkung des
Lichtes wiedergegeben, das von links durch
ein geöffnetes Fenster, von rechts her durch
den hohen Thorbogen in das Halbdunkel
der gewölbten Räume fällt. Solcher Wacht-
stuben hat Teniers mehrere gemalt, und er
trug gelegentlich auch kein Bedenken, ganz
wie es seine holländischen, ihm vielfach ver-
wandten Kunstgenossen A. van Ostade und
Jan Steen zu thun beliebten, in die Darstellung einer Wachtstube seiner Zeit ein
religiöses Motiv zu verflechten. Einmal läßt
er die Verleugnung Petri, ein anderes Mal
die Befreiung des Apostels in einer solchen
Wachtstube vor sich gehen, ein drittes Mal
macht er sie sogar zum Schauplatz der Dor-
nenkrönung Christi (in der Dudleygalerie in
London, s. Abb. 36). Man darf daraus
nicht etwa schließen, daß es Teniers an
religiöser Gesinnung oder gar an Achtung
vor dem Heiligsten gebrach. Er legte sich
eben nur die biblischen Vorgänge nach seiner

Vielleicht hat gerade die eigenartige Auffassung, mit der Teniers biblische Motive behandelte, seine hohen Gönner besonders ge-
reizt. Man war mit der Zeit der großen-
Kirchenbilder müde geworden, und man
erfreute sich an der Vermenschlichung, mit
der Teniers verehrungswürdige Gestalten
dem Gemüt des Beschauers näher brachte
und verständlicher machte. Dann kam auch
das rein malerische Interesse hinzu. Es
war die Zeit, wo der Sammeleifer auch die
großen Herren in den spanischen Niederlanden ergriffen hatte. Das Beispiel, das
einerseits Kaiser Rudolf II, andererseits König
Karl von England gegeben hatte, fand aller-
orten Nachahmer, und so gehörte schließlich
eine Kunstsammlung oder doch ein Gemälde-
kabinett zu den unumgänglichen Kennzeichen
eines Grand Seigneur, der seine Rolle im
Leben würdig ausfüllen wollte. So kam
die Vorliebe für die sogenannten „Kabinetts-
stücke," d. h. für die Werke der Kleinmaler,
auf, und nachdem nun einmal der malerische
Sinn geweckt war, wurde der Gegenstand

eines Bildes zuletzt gleichgültig. Vielleicht gab es schon damals Sammler, die darauf erpicht waren, von dem vlämischen Bauernmaler, der zu allem bereit war, auch ein Bild biblischen Inhalts zu besitzen. Daraus erklärt es sich, daß die Zahl der biblischen Bilder unseres Künstlers nicht unbeträchtlich ist. Eines der vollendetsten und koloristisch anziehendsten ist das 1653 entstandene Opfer Abrahams in der kaiserlichen Galerie zu Wien (s. Abb. 37), wo sich die Figuren mit der landschaftlichen Umgebung zu schönem

Auf dem Bilde von Abrahams Dankopfer in Wien fällt die feine Charakteristik des ehrwürdigen Greisenkopfes besonders auf. Man hat an Teniers bisweilen getadelt, daß namentlich seine Bauern mehr typisch als individuell gestaltet seien, und daraus geschlossen, daß er sie nicht so gründlich studiert habe, wie die kleinen Handwerker der Stadt, die Personen seiner häuslichen Umgebung, die Notabilitäten von Antwerpen und die vornehmen Herren, mit denen er später in Brüssel verkehrte. Wenn diese Be-

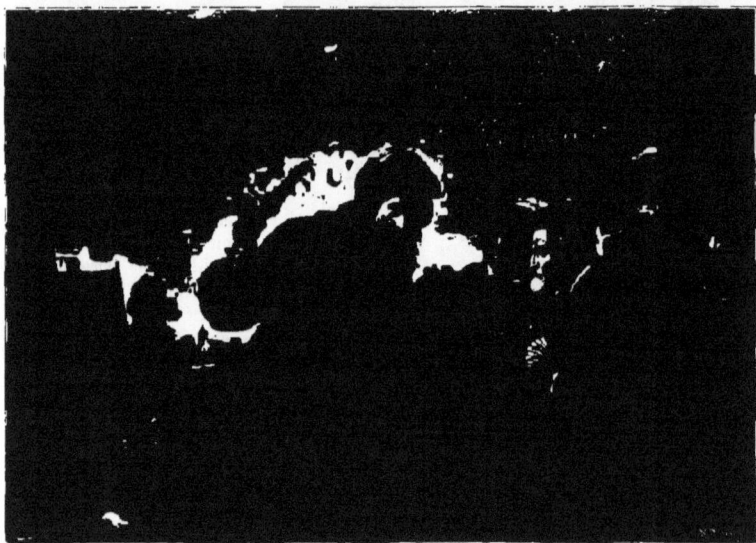

Abb. 39. Räuber plündern ein Dorf. Kaiserl. Galerie in Wien.
(Nach einer Photographie von J. Löwy in Wien.)

Einklang zusammenstimmen. Eine Reihe von fünfzehn Darstellungen aus dem Leben der Gottesmutter besitzt die Galerie zu Schleißheim bei München, eine Ausstellung Christi vor dem Volk die Galerie zu Kassel, und die Marter des Reichen im Fegefeuer in der Berliner Galerie und die sieben Werke der Barmherzigkeit, die Teniers mehreremal im Rahmen einer Komposition dargestellt hat — ein Exemplar befindet sich im Louvre zu Paris, ein anderes in der Galerie Steengracht zu Antwerpen (von 1644) — dürfen wir auch zu den Bildern religiösen Inhalts rechnen, da das Motiv dazu aus den Evangelien geschöpft ist.

hauptung richtig ist, so erklärt sie sich nicht etwa aus den Grenzen seiner Begabung. Aus den Darstellungen aus seiner Häuslichkeit, aus dem großen Antwerpener Schützenbilde haben wir gesehen, daß Teniers, wenn er wollte, auch ein großer Bildnismaler im kleinen sein konnte. Eigentliche Bildnisse hat er freilich nicht gemalt, nicht einmal sein eigenes, weil ihn sein ganzes künstlerisches Naturell nicht auf das Einzelwesen, sondern auf die unendliche Mannigfaltigkeit der Individualitäten drängte. In den Bildern von seiner Hand erscheint er selbst immer nur als einer unter mehreren. Das beste und zuverlässigste Bildnis, das wir

von ihm besitzen, ist von Peter Thys gemalt und auf Teniers' Veranlassung von
Lucas Vorsterman dem Jüngeren in Kupfer
gestochen worden (s. das Titelbild). Daß
Teniers gleichwohl eingehende Bildnisstudien
nach der Natur — für seine Zwecke —
gemacht hat, beweist außer dem ausdrucks-
vollen Kopfe Abrahams und vielen anderen
bildnismäßigen Köpfen auf seinen Bildern
auch das Porträt eines weißhaarigen und
-bärtigen Mannes in der kaiserlichen Ga-

erschüttert hatte, scheint auch der Inhalt des
Bildes im Zusammenhange zu stehen. Sein
Titel lautet im amtlichen Katalog zwar nur
ganz allgemein: „Räuber plündern ein Dorf."
Aber das planmäßige Vorgehen dieser Räuber deutet doch darauf hin, daß wir Maro-
deure des großen Krieges vor uns haben,
die auch nach dem Friedensschlusse noch lange
nicht von ihrem zügellosen Leben lassen konnten und Jahre hindurch eine gefürchtete
Plage aller einsam gelegenen Dörfer waren.

Abb. 10. Die Küche. Museum im Haag.

lerie zu Wien (s. Abb. 38). Wenn man
dieses Profil eingehend betrachtet und gewahr
wird, wie jede Falte der Haut, jede Runzel,
jedes Wärzchen und jedes Haupt- und Barthaar wiedergegeben ist, entdeckt man die
Quelle, aus der ein halbes Jahrhundert
später Ballhasar Denner geschöpft hat.

Zweimal hat Teniers auch kriegerische
oder doch wenigstens dramatische Ereignisse
aus dem Soldatenleben dargestellt. Das eine
dieser Bilder (in der kaiserlichen Galerie zu
Wien, s. Abb. 39) trägt die bedeutungsvolle
Jahreszahl 1648, und mit diesem letzten
Jahre des großen Krieges, der ganz Europa

Es ist, als hätten wir in dem Teniersschen
Bilde eine Illustration zu Schillers „Räubern"
vor uns, deren Handlung alter Gewohnheit
nach in die Zeit unmittelbar nach Beendigung
des dreißigjährigen Krieges verlegt wird, im
besonderen eine Illustration zu der Strophe
des Räuberliedes:

    Das Wehgeheul geschlagner Väter,
    Der bangen Mütter Klaggezeter,
    Das Winseln der verlaßnen Braut
    Ist Schmaus für unsre Trommelhaut!

Das zweite dieser kriegerischen Bilder
— es befindet sich im Museum zu Ant-

werpen — schildert den Entsatz der von den Franzosen belagerten, damals noch zu den Niederlanden gehörenden Stadt Valenciennes durch die Spanier unter Don Juan d'Austria, der bei dieser Gelegenheit den großen Turenne zum Rückzug zwang. Es ist freilich kein Schlachtenbild im modernen Sinne, sondern mehr ein Panorama der Stadt, auf dem die Bewegungen der feindlichen Armeen

Dieses in der Berliner Galerie befindliche Bild ist nämlich auf weißem Marmor gemalt, so daß das Korn des Marmors durch die Farben durchschimmert. Zwei in der Luft schwebende Engel tragen das Sakrament, das Gottvater hinter einem Kruzifix in einer gotischen Kapelle thronend zeigt, und unten sieht man die Gubulakirche in Brüssel. Es ist leider nicht bekannt, für

Abb. 41. Die Wurstmacherin. Kaiserl. Galerie in Wien.
(Nach einer Photographie von J. Löwy in Wien.)

nur eine untergeordnete Rolle spielen. Viel bedeutsamer sind die allegorischen und sonstigen Zuthaten, die Umrahmung des Stadtbildes mit Waffen, Rüstungen und anderen Trophäen und die Personifikation der Stadt Valenciennes unter dem Schutze der Madonna und des heiligen Sakraments der Wunder von Brüssel. Damit ist vermutlich das Sakrament der Wunder der heiligen Gudula, der Schutzpatronin der Kathedrale von Brüssel, gemeint, das Teniers auf einem seiner seltsamsten Bilder dargestellt hat.

welchen seiner Gönner Teniers dieses kostbare, unter seinen Werken ganz einzig dastehende Bild gemalt hat.

Nachdem der Künstler Schloßherr geworden war, scheint er noch tiefer als früher in alle Einzelheiten des ländlichen Lebens und der ländlichen Arbeit eingedrungen zu sein. Hatte er sich bis dahin mehr um die vorstädtischen und ländlichen Wirtshäuser und um die Bauernbelustigungen im Freien gekümmert, so kehrte er jetzt mehr in die inneren Arbeitsstätten, in das eigent-

liche Getriebe der ländlichen Wirtschaft ein.
Ob es bei ihm selbst so hoch hergegangen
ist, wie es die 1644 gemalte herrschaftliche
Küche im Museum des Haag (s. Abb. 40)
überaus lockend veranschaulicht, wissen wir
nicht. Ein Freund guten Lebens und vor=
nehmer Haushaltung war der Mann, dem
es in seiner Jugend bisweilen kläglich er=
gangen war, aber sicherlich. Das haben
wir schon aus dem Bilde gesehen, das ihn
und die Seinigen auf der Terrasse seines

Im XV. und XVI. Jahrhundert wurden
Schwäne, Reiher und ähnliche Schwimm=
vögel, die wir heute wegen ihres zähen,
thranig schmeckenden Fleisches verabscheuen,
noch gegessen, und danach hatte sich noch
im XVII. Jahrhundert die Sitte erhalten,
wenigstens die Schwäne als Tafelzier zu
benutzen. Sie wurden zu einer Art von
Attrappe, die gewöhnlich eine schmack=
hafte Pastete in ihrem Inneren barg, und
vertraten so die Stelle der silbernen Tafel=

Abb. 12. Der Kuhstall. Kaiserl. Galerie in Wien.
(Nach einer Photographie von J. Löwy in Wien.)

Schlosses darstellt, und dort haben wir auch
den metallenen Weinkühler mit den beiden
dickbauchigen Flaschen kennen gelernt, dem
wir im Vordergrunde der Herrschaftsküche
wieder begegnen. Die Hausfrau selbst ver=
schmäht es nicht, die Hand mit anzulegen.
Es ist wieder Frau Anna Breughel und
der Knabe, der ihr die Schüssel hält, in
die sie die geschälten Äpfel niederlegt, ist
ihr ältester Sohn. Es handelt sich offenbar
um ein großes Gastmahl. Mit befriedigtem
Stolz haftet das Auge der Hausfrau auf
dem neben ihr auf einem Tische prangenden
Hauptstück der Tafel, dem in der vollen
Pracht seines Gefieders aufgetakelten Schwan.

aufsätze, die damals noch nicht zu jedem
bürgerlichen Hausschatz gehörten. Im Vor=
dergrunde des Haager Küchenbildes ist alles
ausgebreitet, wessen der Koch zur Herrichtung
der Mahlzeit noch sonst bedarf: Fische, Ge=
flügel, Wildpret, Rinderkeulen u. s. w. Man
darf dabei nicht an unsere modernen Diners
denken, bei denen es hauptsächlich darauf
ankommt, den Gaumen zu reizen, ohne den
Magen zu überladen. Die alten Flamen
verlangte nach einer sehr derben Kost, und
daß sie sich nicht so leicht übersättigten, er=
sehen wir zu unserem Staunen aus vielen
erhaltenen Dokumenten über große und klei=
nere Gastmähler, bei denen ganz unglaubliche

Mengen von Speisen und Getränken vertilgt wurden. Daß sich auch eine Hausfrau aus dem wohlhabenden Mittelstande auf eine starke Eßlust ihrer Gäste gefaßt machen mußte, lehrt uns ein Blick auf den Kamin der Haager Küche, vor dem ein Koch beschäftigt ist, drei Reihen von Gänsen, Enten und Hühnern am Spieße zu drehen und gehörig mit Butter zu beträufeln.

Ein ländliches Seitenstück zu der Herrschaftsküche bildet der Wirtschaftsraum, worin

Einteilung fast auf allen Interieurs des Meisters wiederkehrt, wird man finden, daß der Künstler immer beflissen ist, sie möglichst mannigfaltig zu gestalten. Es ist darin vielleicht auch keine Manier, keine Lässigkeit und Bequemlichkeit in der Art des Komponierens zu erblicken. Teniers sah eben nur solche Räume vor sich. Sie sind typisch für das niederländische Bauernhaus, worin die für Wirtschafts- und Wohnzwecke bestimmten Räume ursprünglich nicht durch

Abb. 13. Der Ziegenstall. Kaiserl. Galerie in Wien.
(Nach einer Photographie von J. Löwy in Wien.)

eine Bäuerin nach dem großen Schweineschlachten dem wichtigen Geschäft des Wurstmachens obliegt (in der kaiserlichen Galerie zu Wien, s. Abb. 41). Wie auf den meisten Bildern des Künstlers ist auch hier die Teilung des Schauplatzes in zwei Räume durchgeführt worden: im vorderen fällt die Hausfrau die Därme mit der Fleischmasse, und im hinteren Abteil sitzen und stehen Männer und Frauen an einem Tisch, dicht am lodernden Feuer des Kamins, an dessen Mantel der karikierte Bauernkopf, die Signatur Brouwers und seines Nachahmers Teniers, angeheftet ist. Trotzdem, daß diese

Zwischenräume getrennt waren, sondern ein einheitliches, meist aber wunderlich ineinander geschachteltes Ganzes bildeten, das nur durch das gemeinsame Dach zusammengehalten wurde. Solcher Gestalt sind auch die Viehställe, die Teniers gemalt hat. Einen Kuhstall und einen Ziegenstall besitzt die kaiserliche Galerie in Wien (s. Abb. 12. und 43). Beide sind gleich ausgezeichnet in der feinen Darstellung des Helldunkels und in der koloristischen Behandlung. Auf dem „Kuhstall" bildet das weiße Hemd des auf seinen Stab gestützten Schafhirten, der der Melkerin bei ihrer Arbeit zusieht, den Hauptaccent, dem sich alle übrigen Lokaltöne unterordnen, und auf dem zweiten Bilde ist es die Gruppe der Ziegen, auf die sich volles Licht ergießt, während die übrigen Figuren und Gegenstände im Halbdunkel verschwimmen. So verstand es Teniers, eine gewisse Einförmigkeit in der Anordnung durch steten Wechsel des Kolorits und der Beleuchtung zu überwinden, und darum wurden auch seine Bewunderer nicht müde, immer neue Werke seiner fleißigen Hand zu erwerben und ganze Kabinette damit zu füllen.

Der eifrigste seiner Bewunderer und zugleich sein stets zur That bereiter Beschützer war der Mann, aus dessen Besitz diese beiden Stallinterieurs und vierzehn andere Bilder von Teniers, meist Schöpfungen ersten Ranges, in die kaiserliche Galerie zu Wien gekommen sind: Erzherzog Leopold Wilhelm von Österreich. Dieser kunstsinnige Fürst war im Jahre 1647 zum Statthalter der spanischen Niederlande ernannt worden, und nachdem er am 13. April dieses Jahres seinen Einzug in Brüssel gehalten hatte, wurde sein Hof bald der Mittelpunkt aller künstlerischen Interessen. Einer der ersten, der die Gunst des Erzherzogs gewann, war Teniers. Nach Rubens' Tode war er unbestritten der erste Meister der Antwerpener Schule. Der einzige, der ihm diesen Ruf hätte streitig machen können, war Jakob Jordaens. Er paßte aber nach seinem ganzen Wesen nicht in die höfische Luft hinein, und obwohl der Erzherzog auch ein Bild von ihm, ein Bohnenkönigsfest, für seine Sammlung erwarb, hielt sich Jordaens dem Brüsseler Hofe fern, vielleicht aus inneren Gründen, da er um die Zeit, als Leopold Wilhelm die Statthalterschaft führte, zur reformierten Kirche übertrat.

Der geschmeidige, glatte, jedem Auftrag geneigte Teniers brauchte also keinen Rivalen zu fürchten, und er benutzte seinen Vorteil so gut, daß er sich bald dem Erzherzog unentbehrlich gemacht hatte. Immer häufiger mußte er von Antwerpen nach Brüssel kommen, und so entschloß er sich endlich, ganz nach der Hauptstadt überzusiedeln, wo er im Jahre 1651 in der Nähe der erzherzoglichen Residenz ein Haus für den zu damaliger Zeit sehr ansehnlichen Jahreszins von 525 Gulden mietete. Der Erzherzog ernannte ihn zu seinem Hofmaler und machte ihn auch zum Mitglied seines Hofstaates, wobei

er den Titel ‚Ayuda de camara‘ (Kammerdiener) erhielt. Das wäre nach unserer Auffassung eher eine Beleidigung als eine Auszeichnung; aber man darf sich nicht an das Wort halten. Auch Jan van Eyck, der Hofmaler Philipps des Guten von Burgund, hatte diesen Titel geführt, und es scheint fast, als hätte er damals die Bedeutung gehabt wie etwa heute der Titel „Kammerherr." Erzherzog Leopold Wilhelm beschenkte Teniers auch mit einer goldenen Kette, an der eine Medaille mit seinem Bildnis hing — es ist dieselbe, die wir auf unserem Porträt des Meisters sehen — und als Anna Breughel im Jahre 1653 zum fünftenmale mit einem Sohne niederkam, wurde dem Ehepaar die Ehre zu teil, daß Don Juan de Velasco, Graf von Salazar, als Vertreter des Erzherzogs Pate stand.

Als offizieller Hofmaler des Erzherzogs beeiferte sich Teniers zunächst, alle irgendwie bemerkenswerten Ereignisse im Leben des Statthalters und seiner Gemahlin Isabella in seiner treuen Chronistenart zu schildern. Große Haupt- und Staatsaktionen waren es freilich nicht — zum Glück. Denn eine Darstellung solcher hätte dem Wesen unseres Künstlers fern gelegen. Es waren nur alltägliche Ereignisse und frohe Feste, die er zu malen hatte. Auf einem Bilde im Louvre begegnen wir dem Erzherzog, von zwei Kavalieren begleitet, auf der Reiherjagd. Zwei Bilder im Museum zu Madrid zeigen ihn im Verkehr mit dem Volke, dem er durch einen Besuch der Kirmeßfeste die übliche Ehre erweist, die der Flamen von ihrem jeweiligen Landesherrn zu erwarten gewohnt waren. Ein viertes Bild in der Galerie zu Kassel stellt den Einzug der Erzherzogin Isabella in Brüssel dar, und auf einem fünften Bilde, das derselben Galerie angehört, sehen wir die Einfahrt des Abends bei Mondschein und Fackelschein in das Dorf Vilvoorde, in dessen Nähe sich Teniers' Landgut befand. Das interessanteste und zugleich figurenreichste dieser Bilder besitzt die kaiserliche Galerie zu Wien: das Vogelschießen zu Brüssel vom Jahre 1652 (s. Abb. 44). Das feierliche Ereignis, das eine gewaltige Menschenmenge herbeigelockt hat, vollzieht sich auf dem kleinen Zaavelplatz (Petit Sablon), demselben Platze, dessen vornehmste Zier gegenwärtig das Standbild der beiden Märtyrer niederländischer Unabhängigkeit, der Grafen Eg-

Abb. 11. Das große Vogelschießen in Brüssel. Kaiserl. Galerie in Wien.
(Nach einer Photographie von J. Löwy in Wien.)

mond und Hoorn, bildet. 250 Jahre früher wetteiferten die Bürger Brüssels miteinander, dem spanisch-österreichischen Statthalter, dem Symbol der Knechtschaft, auf diesem Platze ihre Huldigungen darzubringen. Den Hintergrund füllt zum größten Teile die Kirche Notre-Dame du Sablon (heute Notre-Dame des Victoires). Es war das historische Recht der Brüsseler Armbrustschützengilde, hier ihr Vogelschießen abzuhalten und die Stange mit dem Vogel an einem der Türme anbringen zu dürfen. Denn die Gilde hatte die Kirche im Jahre 1304 gegründet und im XV. und XVI. Jahrhundert erneuern lassen. Dieser Zeit gehören auch die den Chor zum Teil verdeckenden Anbauten an, die auf unserem Bilde sichtbar sind, aber vor einigen Jahren beseitigt wurden. Vor diesen Anbauten ist eine mit rotem Tuch behängte Tribüne errichtet, auf welcher der Erzherzog, der einzige mit bedecktem Haupte in seiner Umgebung, steht. Noch hält er die Armbrust in der Hand, mit der er eben den glücklichen Schuß abgegeben hat, der den Vogel zum Falle brachte, und während er die Glückwünsche der Vorsteher der Schützengilde entgegennimmt, schaut alles Volk nach der leeren Stange hinauf. Die Jungen sind, um besser sehen zu können, auf die Bäume geklettert, andere sind auf das Kirchendach gestiegen, und aus den Nebengassen drängen immer neue Volksmassen heran. Im Vordergrunde geht es etwas gelassener zu. Da sind vornehme Damen und Herren in prunkvollen Gewändern, die eine heitere Unterhaltung pflegen, zwei junge Stutzer zu Pferde, eine Gruppe gravitätischer Männer mit breiten Goldbandelieren, an denen ihre Degen hängen, und rechts hält der schwarze, mit Gold verzierte Galawagen des Erzherzogs. Die Gruppe davor interessiert uns ganz besonders. Vor dem Kutschenschlage, neben dem uns den Rücken zukehrenden Mann mit dem hohen grauen Hute, steht nämlich Teniers selbst. Man sieht nur seinen mit einem schwarzen Hut bedeckten Kopf, den weißen Halskragen und einen kleinen Teil seiner Brust. Aber diese Kleinigkeit hat dem Künstler genügt, sich selbst völlig kenntlich zu machen, und zweifellos sind auch die übrigen Figuren des Vordergrundes Bildnisse der damaligen Notabilitäten Brüssels und aus dem Kreise seiner neuen Freunde am Hof und in der Gesellschaft. Aber auch seiner

alten Freunde, deren Darstellung ihn wohlhabend und berühmt gemacht hatte, vergaß er bei dieser feierlichen Gelegenheit nicht. Ganz im Vordergrunde rechts sehen wir Leute aus dem Handwerker- und Bauernstande, und ein behendes Paar eilt schnellen Laufes an den vornehmen Herren vorüber, um noch etwas von dem großartigen Schauspiel zu erhaschen. Es ist ein Pärchen von der Sorte, die die Stammgäste zu den Wirtshäusern, den Tanzvergnügungen und den großen Kirmeßfesten stellt, die Teniers so oft gemalt und darum auch so gründlich kennen gelernt hat.

Teniers' Stellung am Hofe des Erzherzogs Leopold Wilhelm würde sich vielleicht nicht so befestigt haben, wenn er bloß Maler, nicht auch Kunstkenner oder, wie wir heute sagen, „Kunstexpert" gewesen wäre. Die mißlichen Vermögens- und Erwerbsverhältnisse seines väterlichen Hauses hatten ihn frühzeitig darauf geleitet, durch jegliches Malwerk Geld zu verdienen. Er lernte Bilder seines Vaters kopieren, und was die Qualität nicht einbrachte, mußte die Masse bringen. Darum war er auch später ein so geschickter Nachahmer Brouwers geworden, daß auch heute noch nicht zwischen beiden reiner Tisch gemacht werden konnte, obwohl die gelehrtesten Galeriedirektoren all' ihren Scharfsinn aufgeboten haben. Bei dieser Kopistenarbeit hat Teniers gelernt, sich auch in den Stil seiner Vorbilder einzuleben und sich ein gewisses Maß von Kunstkennerschaft zu erwerben, das zu fruchtbarer Bethätigung kam, als der Erzherzog seinen Aufenthalt in Brüssel vornehmlich dazu benutzte, sich eine Gemäldesammlung anzulegen, die sehr bald eine große Zahl von Meisterwerken ersten Ranges vereinigte. Obwohl der Erzherzog, solange er in Brüssel Statthalter war, Teniers' Kunst hoch in Ehren hielt, neigte er sich doch als Sammler mehr den Meistern der italienischen Malerei, und besonders den Venezianern, zu. Was er während seines Aufenthaltes in den Niederlanden an Kunstwerken zusammengebracht hat, ist meist in den kaiserlichen Galerie zu Wien, im Pradomuseum in Madrid, in Florenz und an anderen Orten erhalten geblieben. Mehr aber als alle geschriebenen Inventare dieser Sammlungen zeugen von seinem Eifer und von seinem Sammlerglück die Inventare von Teniers, die Ansichten der

Gemäldegalerie des Erzherzogs, die unser Künstler mit einer Genauigkeit im einzelnen wiedergegeben hat, daß man noch heute aus ganze Reihe, die teils einzelne, teils mehrere Wände der Bildersäle mit ihrem auserlesenen künstlerischen Schmuck darstellen.

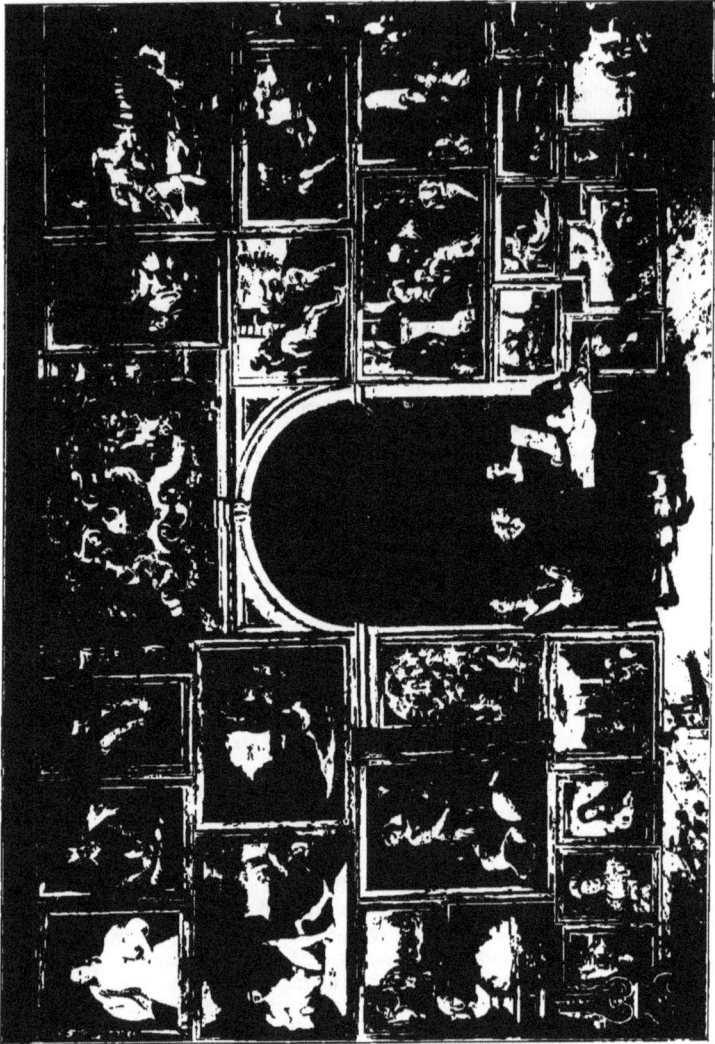

Abb. 45. Aus der erzherzoglichen Galerie in Brüssel. Museum in Brüssel.

diesen „gemalten Bildergalerien" die Originale zu den Bildchen, die an den Wänden hängen, nachweisen kann. Solcher Ansichten der erzherzoglichen Galerie giebt es eine Eines dieser Bilder, das das Museum in Brüssel besitzt, ist datiert (s. Abb. 45). Es ist 1651 gemalt und gehört bereits jener Periode in Teniers' künstlerischem Schaffen

4*

an, wo der warme Goldton der vierziger
Jahre einem feinen, kühlen, bisweilen etwas
matten Silberton gewichen war, der etwa
ein Jahrzehnt lang in den Gemälden des
Künstlers vorherrschend blieb. An einem
Tische in der Nähe des Eingangs zu dem
Saale, dessen einen Wand dem Beschauer zu-
gekehrt ist, steht der Erzherzog und prüft
die auf dem Tische ausgebreiteten Zeichnungen. Eine davon hält ihm Teniers auf-
gerollt vor Augen. Hinter dem Fürsten stehen
zwei Hofbeamte, von denen der vordere eine
Bronzefigur in den Händen hält. Unter den
Gemälden links von der Thür fällt besonders
ein Bild der heiligen Margarete auf, das
damals für ein Werk Raffaels gehalten
wurde, in Wirklichkeit aber nur von Giulio
Romano herrührt. Darüber sieht man links
Tizians Danae (jetzt in Neapel) und rechts
das unter dem Namen „die Philosophen"
bekannte Bild Giorgiones, das sich jetzt in
der kaiserlichen Galerie zu Wien befindet.
Auf der anderen Seite sind besonders eine
Kreuzabnahme, eine Grablegung Christi, eine
Anbetung der Könige und daneben Tizians
Ehebrecherin vor Christo bemerkenswert. —
Auf einem Bilde der kaiserlichen Galerie zu
Wien, auf dem ein Teil derselben Gemälde
wiedergegeben ist, steht der Erzherzog, der
diesmal mit großem Gefolge erschienen ist,
vor dem Bildnis eines Domherrn von Ca-
tena. Es ist ihm anscheinend zum Kaufe
angeboten worden, und Teniers steht, der
Entscheidung harrend, neben dem Bilde.

Noch mannigfacher und malerisch reiz-
voller ist die Anordnung auf vier Bildern
der Münchener Pinakothek. Auf dem ersten
Bilde (s. Abb. 46) machen wir die er-
freuliche Beobachtung, daß Teniers, wenn
er ein Modell brauchte, seine Bauern auch
in die Prachträume der erzherzoglichen Galerie kommen ließ, die ihm zugleich als
Atelier diente. Ohne sich durch die hinter
ihm stehenden Kavaliere des Hofes stören
zu lassen, malt er einen Bauern, der in
seiner Nähe, einen Dreschflegel zwischen den
Händen haltend, auf einem niedrigen Schemel
Modell sitzt. Es mochte dem Künstler wohl
ein Bedürfnis sein, selbst unter so vielen
Meisterwerken aller Schulen immer wieder
zu der Natur, dem Urquell aller Kunst,
zurückzukehren. Unter den Bildern, die den
Raum füllen, ist das größte provisorisch in
einer Ecke aufgestellt, vermutlich weil der

Erzherzog sich noch nicht für den Ankauf
des Bildes entschieden hat. Es ist ein Werk
des Paolo Veronese, das den Empfang der
Königin von Saba durch Salomo darstellt,
und befindet sich jetzt in den Uffizien zu
Florenz. Daß es damals wirklich durch den
Erzherzog angekauft worden ist, ersehen wir
aus dem zweiten der Münchener Bilder
(s. Abb. 47), wo es bereits unter die übrigen
Gemälde der Galerie, ebenfalls meist Werke
der venezianischen Schule, eingereiht ist. Außer zahlreichen Bildnissen von Tizian, Veronese
und Tintoretto ist besonders das Bild über
der Thür beachtenswert: der zwölfjährige
Jesusknabe im Tempel von Ribera genannt
Spagnoletto (jetzt in der kaiserlichen Galerie
zu Wien). Das dritte Münchener Bild
(s. Abb. 48) zeigt wieder eine Ecke des
großen Galeriesaales. Vor einem Kamine
steht ein Diener, der ein Infantenporträt
von Velazquez von der schützenden Decke be-
freit hat, offenbar der Ankunft des Erzherzogs gewärtig. Tief in der Ecke, vor
einem mit Skulpturen und Zeichnungen bedeckten Schrank, sitzen zwei Männer an einem
runden Tisch. Auf dem vierten Münchener
Bilde treffen wir wieder den Erzherzog mit
seinem Hofmaler und Galeriedirektor. Dieser
hat einen ganz besonders guten Fang gethan;
denn er hat die Freude, seinem hohen Gönner Tizians Kirschenmadonna zu zeigen, das
berühmte Jugendwerk des Meisters, das
jetzt eine Zierde der kaiserlichen Galerie zu
Wien ist.

Ein siebentes dieser Galeriebilder befindet
sich im Pradomuseum zu Madrid. Hier
zeigt der Erzherzog, von Teniers begleitet,
seine Gemäldesammlung einem vornehmen
Spanier, dem Grafen von Fuensalaña, und
der Maler muß auf dieses Ereignis sehr
stolz gewesen sein; denn er hat auf dieser
Darstellung seinen Namen in spanischer
Sprache den Titel beigegeben: Pintor de la
Camera de S. A. J. (Kammermaler Seiner
Kaiserlichen Hoheit). Jener Graf, ebenfalls
ein eifriger Kunstsammler, gehörte selbst zu
den Protektoren unseres Künstlers. Er schenkte
ihm so großes Vertrauen, daß er ihn nach
England schickte, um dort für ihn Gemälde
und andere Kunstwerke zu erwerben.

Trotz ihres kleinen Maßstabes sind die
Bilder, mit denen Teniers die Wände seiner
„gemalten Gemäldegalerien" ausgestattet hat,
nicht bloß in ihrem allgemeinen Charakter

den Originalen entsprechend, sondern auch in ihren Einzelheiten so genau, daß man sie mit den modernen Photographien der Originale vergleichen kann, ohne daß sie unter diesem zusammengestellt. Mit diesen kleinen Kopien verfolgte er aber noch einen besonderen Zweck. Er ließ sie einzeln nach und nach in Kupfer stechen, und je nachdem ein Blatt fertig war,

Abb. 46. Aus der erzherzoglichen Galerie in Brüssel. Alte Pinakothek in München. (Nach einer Photographie von Franz Hanfstängl in München.)

schärfsten aller Prüfungsmittel zu leiden hätten. Freilich hat Teniers auch zu diesen Galeriebildern sorgfältige Vorstudien gemacht. Er hat fast jedes Gemälde einzeln im kleinen kopiert und danach seine Bilderwände zu- konnte man es von dem Bruder des Künstlers, dem Maler und Kunsthändler Abraham Te- niers in Antwerpen, käuflich erhalten. Im Jahre 1658 ließ Teniers auch ein Titelblatt für die ganze Sammlung stechen, das mit einem Bildnis des Erzherzogs geschmückt und mit einer Widmung an den edlen Mäcen versehen war, der für seine Kunstsammlung nicht nur sein ganzes Vermögen geopfert,

Buchdruckers Hendrick Aertssens, mit königlichem Privileg, und zwar in vier Ausgaben mit niederländischem, französischem, spanischem und lateinischem Text. Es fand solchen Bei-

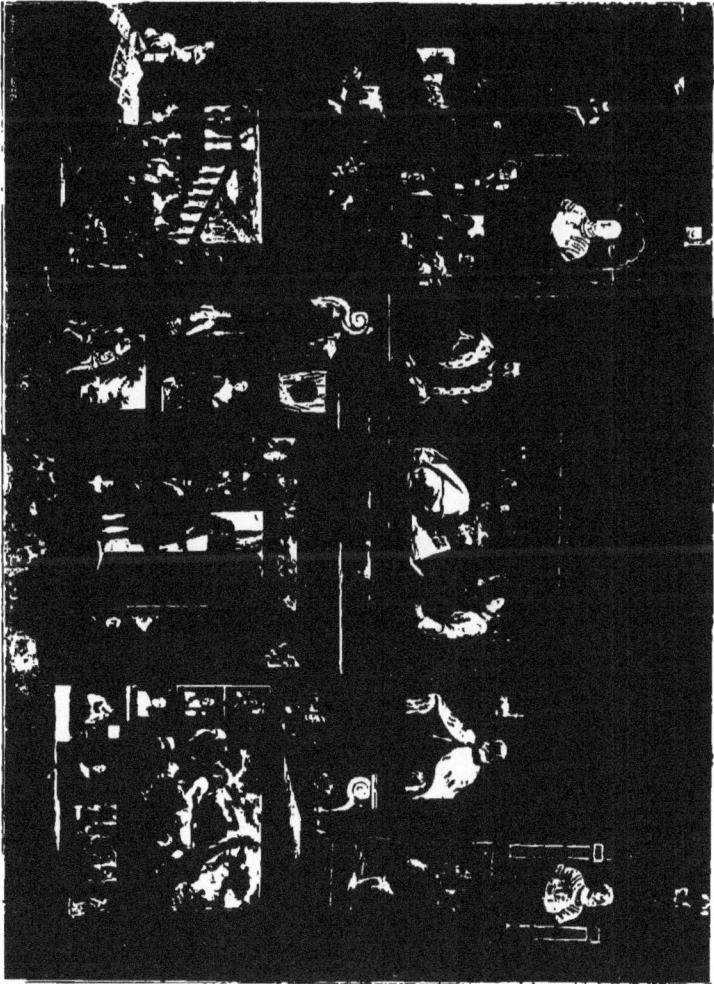

Abb. 47. Aus der erzherzoglichen Galerie in Brüssel. Alte Pinakothek in München. (Nach einer Photographie von Franz Hanfstängl in München.)

sondern sich noch mit Schulden belastet hatte. Auf diesem Titelblatt wird die Sammlung „Amphitheatrum picturarum" (Gemäldetheater) genannt. In Buchform erschien das Werk, das allmählich auf 229 Tafeln gebracht worden war, aber erst 1660 im Verlag des

fall, daß es noch zweimal (1673 und 1684) aufgelegt wurde. Unter den Stechern befanden sich Leute wie Vorsterman der Ältere und der Jüngere, C. Lauvers, Eynhoudts, Th. van Kessel, die zum Teil noch unter Rubens' Aufsicht und Anleitung gearbeitet

hatten; aber man kann nicht behaupten, daß
sie hier etwas Außergewöhnliches geleistet
hätten. Eine Probe ihrer Kunst bietet das von
Lucas Vorsterman dem Jüngeren gestochene
Herzogs von Marlborough. Wie sie Teniers
nach seiner Art mit seinem feinen, spitzen
Pinsel mehr zeichnerisch als malerisch behandelte, lernt man aus einem sehr merk-

Abb. 18. Aus der erzherzoglichen Galerie in Brüssel. Alte Pinakothek in München.
(Nach einer Photographie von Franz Hanfstängl in München.)

Bildnis des Meisters, dessen Reproduktion
wir dieser Biographie beigegeben haben.

Ein beträchtlicher Teil der kleinen Kopien, die den Stechern als Vorlagen dienten,
hat sich noch erhalten. Etwa 120 davon
befinden sich in Blenheim, dem Palaste des
würdigen Bildchen der Berliner Galerie erkennen, das zwar nicht unmittelbar zu diesen
Kopien gehört, aber doch vom gleichen Geist
erfüllt ist. Es stellt Neptun und Amphitrite auf einem von Seepferden gezogenen
Wagen, die Meereswogen durchschneidend,

bar. Najaden, Tritonen und Amoretten bilden den Hofstaat des Meeresbeherrschers, und als Zeichen, daß es ihnen niemals an günstigen Winden fehlt, sieht man vier auf Wolken ruhende, mit Flügeln versehene und aus vollen Backen blasende Köpfe, die die vier Winde symbolisieren. Das Merkwürdigste an diesem hellen, farbenfrohen Bilde ist die Hauptgruppe, die genau einen großen Bilde von Rubens „Neptun und Amphitrite" nachgebildet ist. Als dieses Bild im Jahre 1881 aus der Galerie des Grafen von Schönborn in Wien für das Berliner Museum angekauft wurde, brach in Berlin, namentlich in Künstlerkreisen, ein Sturm der Entrüstung los. Die Künstler, die jeden Meister am liebsten auf dem Höhepunkt seiner Reise studieren, konnten sich schlechterdings mit diesem ungewohnten Anblick nicht befreunden. Man kannte damals noch nicht genügend die Werke, die Rubens nach seiner Rückkehr aus Italien, unter dem Einfluß des dort Gesehenen und Empfangenen, gemalt hatte, Werke durchaus schwankenden Charakters, die mehr den unentschiedenen Kampf zwischen mehreren Strömungen als den nahen Sieg der einen über die andere veranschaulichen. In dem erbitterten Streit der Meinungen ging man sogar so weit, das fremdartige Bild als eine Fälschung des XVIII. Jahrhunderts zu brandmarken. Nun konnte aber die hart bedrängte Galerieverwaltung einen Trumpf ausspielen, indem sie aus ihren Magazinen die Kopie von Teniers hervorholte und damit den unwiderleglichen Beweis lieferte, daß das angefochtene Bild bereits im XVII. Jahrhundert existiert und daß es ein Teniers, ein Mann, der Rubens nahe gestanden, einer Kopie für wert erachtet hatte. Durch diese seltsame Verkettung des Zufalls ist Teniers in die Lage gekommen, dem von ihm und den Seinigen hochverehrten Manne als Eideshelfer in einer verwickelten Angelegenheit dienen zu können.

Der beständige Verkehr mit dem Erzherzog und seinem Hofe stieg zuletzt unserem Künstler etwas in den Kopf. Er hatte zwar einen Titel und eine goldene Kette; aber es mochte doch vorkommen, daß ihn die Edlen des Hofes etwas über die Achseln ansahen, weil er doch eben nur ein Maler war, der sein Geld mit der Arbeit seiner Hände verdiente. Das muß Teniers gewaltig verdrossen haben, und er suchte mit Eifer in dem Stammbaum seiner Familie nach, um zu erforschen, ob nicht doch irgendwo der Ansatz eines adligen Reises auszukundschaften wäre. Es war ihm schon früher gelungen, wenigstens eine kleine Spur ausfindig zu machen. Einer seiner Urahnen, der in Ath im Hennegau seßhaftig gewesen war, hatte ein abliges Wappen geführt: auf goldenem Felde einen schwarzen steigenden Bären, umgeben von drei grünen Eicheln. Da Rubens und van Dyck Ritter gewesen waren, wollte Teniers desselben Vorrechts nicht entbehren, und er nahm ohne weiteres jenes Wappen an, unbekümmert um die Spöttereien seiner Kunstgenossen und den Neid seiner Feinde. Einer von diesen, sein eigener Schwager, mit dem sich Teniers wegen persönlicher Angelegenheiten, die die Familie Breughel betrafen, verfeindet hatte, spielte ihm aber im geeigneten Moment aus Rache einen Streich. Als zufällig einmal zwei Wappenherolde — es war im Jahre 1649 — in Antwerpen eingetroffen waren, wurde Teniers bei ihnen wegen unberechtigter Führung eines adligen Wappens angezeigt. Die Untersuchung ergab so wenig Günstiges für Teniers, daß sich dieser veranlaßt sah, ein Gesuch um Bestätigung des Adels an den Erzherzog Leopold Wilhelm zu richten. Es blieb unbeantwortet, vielleicht weil man den verwegenen Künstler für seine Eigenmächtigkeit strafen wollte. Nach diesem ersten Mißerfolg hielt Teniers einige Zeit Ruhe.

Im Jahre 1656 erreichte die Statthalterschaft des Erzherzogs Leopold Wilhelm ihr Ende. Noch in demselben Jahre wurde Don Juan von Österreich, der Bastard König Philipps IV., sein Nachfolger. Als kluger Mann bot Teniers sofort alle seine Kräfte auf, um auch dessen Gunst zu gewinnen, und es glückte ihm wie fast alles, was er angriff. Auf dem Titelblatte der Ausgabe seines Galeriewerkes von 1660 nennt er sich „Maler und Kammerdiener des Erzherzogs Leopold und des Don Juan von Österreich." Dieser muß ihn also in seinen Würden bestätigt haben, wenn es auch keine Galerie mehr zu beaufsichtigen gab. An fürstlichen Gönnern fehlte es ihm auch weiter nicht. König Philipp IV von Spanien erwarb nach und nach so viele Werke aus seiner Hand, daß er einen ganzen Korridor seines Palastes in Madrid damit füllen konnte, und die für Wissenschaft und Kunst begeisterte Königin Christine von Schweden, die Tochter Gustav Adolfs, die ihn 1654 in Brüssel, wo sie im Palaste des Erzherzogs Leopold Wilhelm zur katholischen Kirche übertrat, kennen gelernt hatte, schenkte ihm ebenfalls ihre Gunst. Als sichtbares Zeichen verehrte auch sie ihm eine goldene Kette mit ihrem Bildnis. In der Unterschrift unter einem von Pieter de Jode gestochenen Porträt des Meisters wird auch erwähnt, daß Prinz Wilhelm von Oranien und Antoine Triest, der Erzbischof von Gent, ein bekannter Kunstmäcen, der schon mit Rubens und van Dyck in Verbindung gestanden hatte, ebenfalls zu den Gönnern gehörten, für die der Künstler gemalt hat.

Gerade als Teniers auf der Höhe seines Ansehens und seiner Erfolge angelangt war, traf ihn ein schwerer Schlag. Im Februar 1655 war Anna Breughel mit ihrem siebenten Kinde niedergekommen, und seitdem siechte sie unaufhaltsam dahin. Teniers mochte sie oder sich über ihren Zustand täuschen; denn noch im März 1656 kaufte er für 5500 Gulden ein Grundstück in der Jodestraße in Brüssel, auf der er schnell mit dem Bau eines stattlichen Hauses begann. Aber schon am 3. Mai machte Anna Breughel ihr Testament, worin sie ihren Gatten zum alleinigen Erben und Vormund über die fünf noch lebenden Kinder einsetzte, jedem Kinde aber als mütterliches Erbe noch 3000 Gulden und einen Teil ihrer Juwelen vermachte. Am 11. Mai schloß sie die Augen. Drei Tage, nachdem Teniers' Gönner, Erzherzog Leopold Wilhelm, von der Statthalterschaft in den spanischen Niederlanden zurückgetreten war. Zwei schwere Schläge also auf einmal!

Unter großem Pomp fand die Beisetzung statt, über deren Einzelheiten wir durch die noch vorhandenen Rechnungen unterrichtet werden. Am Tage nach dem Tode wurde die Leiche unter stattlichem Geleite von Geistlichen und Klosterleuten mit brennenden Fackeln aus dem mit Trauerflor behangenen Sterbehause nach der Koudenbergkirche getragen. Der Sarg hatte 30 Gulden gekostet, die Kirchen und Klöster erhielten 177 Gulden 12 Stüber, für 115 Gulden 15 Stüber wurden Wachslichte verbraucht, und für das Bahrtuch und für Trauerkleider wurden 149 Gulden 6 Stüber bezahlt. An die Armen wurden für 44 Gulden 10 Stü-

ber Brot verteilt, und nachher wurden noch sechshundert Seelenmessen für 180 Gulden gelesen. Zwei Monate darauf starb auch das Kind, dessen Geburt den Keim des Todes in die Mutter gelegt hatte.

Man sollte nun glauben, daß der schwer getroffene Mann längerer Zeit bedurft hätte, um den Verlust seiner schönen und edlen Lebensgefährtin zu verwinden. Aber ebenso schnell, wie er es verstanden hatte, sich in der Gunst des neuen Statthalters Don Juan festzusetzen, wußte er sich auch über den Tod der Gattin zu trösten. Wir wollen annehmen, daß ihn die Sorge um seine Kinder, von denen zwei noch im zarten Alter standen, dazu trieb, schon im Todesjahre seiner ersten Frau zum zweitenmale in den Ehestand zu treten. Auf Jugend sah er dabei nicht, denn seine Auserwählte, Isabella de Fren, die Tochter des Sekretärs des Rates von Brabant Andries de Fren, mit der er am 21. Oktober 1656 in derselben Kirche getraut wurde, in der seine erste Gattin begraben lag, war 32 Jahre alt. Um so höher waren die äußeren Vorteile anzuschlagen, und das erste, was er that, waren neue Schritte, um den Adel zu erlangen, weil er hinter seiner abligen Frau nicht zurückstehen mochte. Über die Vorverhandlungen, die zuerst nötig waren, erfahren wir aus den Urkunden höchst Ergötzliches. Da man auf seine Wappen nichts gegeben hatte, suchte Teniers nachzuweisen, daß auch ein Vorfahr mütterlicherseits adlig gewesen war. Zu diesem Zwecke wandte er sich an den Magistrat der Stadt Antwerpen mit dem Gesuche, daß drei Männer gerichtlich vernommen werden sollten, die bezeugen würden, daß der Vater seiner Mutter, der im Eingange unserer Darstellung (S. 4) erwähnte Kapitän eines Seeschiffes, Admiral eines königlich spanischen Orlogschiffes gewesen wäre. Es war ihm gelungen, drei alte Seeleute aufzutreiben, von denen einer schon hundert Jahre alt war, und diese segten das gewünschte Zeugnis ab. Um der Angelegenheit ein noch stärkeres Gewicht zu geben, wurde später ein vierter Zeuge, ein pensionierter Kapitän Seiner Majestät, herbeigeschafft, der noch Räubergeschichten von Geistesgegenwart und Tapferkeit zum besten gab. Alle diese Zeugnisse wurden ins Spanische übersetzt und nebst dem in französischer Sprache abgefaßten Bittgesuch des Künstlers, der sich dabei besonders auf Rubens und van Dyck berief, an den König von Spanien nach Madrid gesandt. Trotz des Wohlwollens, das der König für Teniers hegte, genehmigte er sein Gesuch ohne weiteres nicht. Er beschied ihn vielmehr dahin, daß er ihm wohl den Adelsbrief erteilen würde; aber zuvor müßte sich der Künstler verpflichten, weder mehr für Geld zu malen, noch seine Bilder, wie es damals schon Sitte war, um Käufer heranzulocken, zu allgemeiner Besichtigung in seiner Werkstatt auszustellen. Damit wäre dem Meister der Quell seines Wohlstandes verstopft worden, und er faßte sich daher einige Zeit in Geduld, bis er am 10. Januar 1663 sein Gesuch abermals erneuerte. Es scheint, daß er jetzt einen besseren Erfolg erzielte, denn er führte sein Wappen bis zu seinem Tode, und es findet sich auch auf dem Grabstein seiner zweiten Frau in der Kirche zu Perck eingemeißelt. Auch ist ein Zeugnis des Wappenkönigs von Brüssel vom 30. Mai 1680 vorhanden, worin ausdrücklich erklärt wird, daß die Befugnis, das Wappen zu führen, dem Künstler vom Könige von Spanien bestätigt worden sei. Der älteste Sohn des Meisters, der im Juli 1638 geborene David Teniers, wurde auch mit dem Titel eines „Edelmannes der Artillerie zum Dienst Seiner Majestät" ausgezeichnet, obwohl er ebenfalls nur Maler war.

Dieser Sohn hat dem Vater in den letzten Jahren seines Lebens nicht nur durch Prozesse um das mütterliche Erbe manchen Verdruß bereitet, sondern auch die Biographie des Alten in Verwirrung gebracht. Vater und Sohn sind von den Geschichtsschreibern und Biographen verwechselt worden, und aus diesen Verwechslungen haben die Anekdotenerzähler Kapital geschlagen. David Teniers II, der Held unserer Lebensbeschreibung, hat, vermutlich weil er mit seinem Vater zusammenarbeitete, niemals seinem Namen ein „junior" hinzugefügt, und so kann das einzige uns bekannte Bild, das die Bezeichnung „David Teniers junior" trägt, nicht von ihm, sondern nur von seinem gleichnamigen Sohne herrühren. Es ist eine Darstellung des vor der Madonna mit dem Kinde knieenden heiligen Dominicus, die sich noch jetzt in der Dorfkirche zu Perck befindet. Obwohl es die Jahreszahl 1666 trägt, kann es sehr wohl die Arbeit eines frühreifen Jüng-

lings sein. Hat doch van Dyck schon mit achtzehn Jahren umfangreiche Altarbilder gemalt, die seinen großen Meister zur Bewunderung zwangen! Sonst ist von diesem dritten David Teniers nicht viel mehr zu sagen, als die bekannte Grabschrift eines dunklen Unbekannten meldet: „Er lebte, nahm ein Weib und starb." Vermählt hat er sich schon im Jahre 1671 in der Hauptkirche zu Dendermonde, 1675 ließ er sich in die Lukasgilde zu Brüssel aufnehmen, der er einen vergoldeten Silberpokal mit seinem Namen spendete, und im Februar 1685 schied er bereits aus dem Leben. Er wurde in der Koudenbergkirche beigesetzt, wo seine Mutter ihre letzte Ruhestätte gefunden hatte. Er hinterließ einen Sohn, der gleichfalls Maler wurde. Dieser David Teniers IV hat frühzeitig die Niederlande verlassen und ist in Lissabon gestorben — glücklicherweise. So hat er wenigstens nicht mehr dazu beigetragen, die Konfusion, die die Biographen zwischen seinen drei Namensvorgängern angerichtet haben, zu vermehren.

Im Mai 1685 erschien in den damaligen niederländischen Zeitungen eine Anzeige, nach der im Hause des verstorbenen Teniers des Jüngeren in der Hoogstraat zu Brüssel, am 4. Juni und den folgenden Tagen mehrere ausgezeichnete Bilder, zum Teil solche der italienischen Schule, zum Teil eigene Arbeiten des Verstorbenen, Bücher mit Zeichnungen und Kupferstichen, Wandteppiche, Möbel u. dergl. u. versteigert werden sollten. Ein Exemplar dieser Anzeige ist in einer Nummer des „Haarlemschen Courant" vom 22. Mai 1685 erhalten worden. Aus dieser Anzeige, die sich, wie die Urkunden ergeben haben, auf David Teniers III bezieht — denn unser Künstler wohnte in einer anderen Straße — haben sich die Schmähsucht und Anekdotenjagd des XVII. und XVIII. Jahrhunderts eine boshafte Geschichte zurecht gemacht. Teniers sollte, von Geldnot und Geiz getrieben, auf den Einfall gekommen sein, sich für tot auszugeben, um durch die Versteigerung seines künstlerischen Nachlasses und seines Mobiliars eine höhere Summe zu erzielen, als es dem Lebenden möglich gewesen wäre.

Aber ein Körnchen Wahrheit ist auch im unsinnigsten Klatsch vorhanden. Teniers lebte mit der Brüsseler Lukasgilde nicht in gutem Einvernehmen. Als Hofmaler der

Statthalter war er nicht verpflichtet, sich durch Eintritt in die Gilde die Freiheit des Erwerbs zu sichern. Überdies war er schon Mitglied der Antwerpener Malergilde, und damit glaubte er, das Seinige für die Kunstgenossen gethan zu haben. Darum waren die Brüsseler Maler ihm, dem Emporgestiegenen und vor allen Begünstigten, nicht grün. Sie suchten ihm allerlei Hindernisse in den Weg zu legen, und mit einem gewissen Recht. Der Maler Teniers betrieb nämlich nebenbei noch einen schwunghaften Kunsthandel. Vielleicht hatte er, während er im Auftrage seiner hohen Gönner herumreiste, manches Bild auf sein eigenes Risiko gekauft, und es blieb ihm zur Last, wenn es die Auftraggeber nicht erwarben. Dabei hatte er auch Geschmack am Kunsthandel gewonnen, der einen leichten Erwerb sicherte. Er war ihm um so notwendiger, als Erzherzog Leopold Wilhelm bei seinem Auszug aus Brüssel ihm nicht alle Verbindlichkeiten gelöst hatte, und darum veranstaltete er von Zeit zu Zeit öffentliche Versteigerungen, die ihm wohl seinen Beutel füllten, aber auf den Erwerb der Brüsseler Maler sehr nachteilig wirkten. Schon im Jahre 1660 erhob die Brüsseler Gilde, die dazu berechtigt war, Klage gegen diese Versteigerungen. Nach vierjährigem Prozessieren um ihre Rechte war das Ergebnis, daß Teniers die Erlaubnis erhielt, auch fernerhin öffentliche Versteigerungen abhalten zu dürfen. Im Sommer 1683 betrieb er eine solche im großen Maßstabe. Er ließ in Brüssel und in vielen anderen niederländischen und benachbarten Städten ein Plakat folgenden Inhalts anschlagen: „Schöne und seltene Gemälde zu verkaufen! Man thut jedermann zu wissen, daß am 19. Juli dieses Jahres 1683 im Hause von Mynheer Teniers, Maler und Kammerdiener Ihrer Hoheiten, verschiedene schöne und seltene Gemälde verkauft werden sollen, sowohl solche von italienischen und niederländischen Malern als andere von verschiedenen erfahrenen Meistern; dazu mehrere Stücke von seiner Hand, auch mehrere Kopien und einige retouchierte Kopien. Wer Neigung dazu hat oder Lust, sie selbst zu besichtigen, kann kommen gegenüber der ersten Jodetreppe bei der Isabellenstraße in Brüssel." Diese Ankündigung brachte die Brüsseler Maler so gewaltig in Harnisch, daß sie die

Plakate abrissen und bei dem Magistrate den Antrag stellten, es möchte die dem Maler erteilte Erlaubnis vom 10. Juni 1664 wieder zurückgenommen werden. Sie machten dabei geltend, daß solche Versteigerungen nach den Satzungen der Gilde nur nach dem Tode eines Malers gestattet wären. Teniers hatte aber einen gewandten Verteidiger. Dieser begründete nach der Anweisung seines Klienten die Notwendigkeit der Versteigerung zunächst damit, daß Teniers dazu gezwungen wäre, weil ihn seine Kinder aus erster Ehe wegen der Erbschaftsteilung verklagt hätten. Das hatte seine Richtigkeit. Dann setzte sich aber der Verteidiger auf das hohe Pferd, indem er behauptete, daß die Brüsseler Maler nicht den geringsten Grund zu einer Beschwerde gegen Teniers hätten. Im Gegenteil! Sie könnten ihm nur dankbar sein. Durch den Ruf des Meisters würden die fremden Käufer nach Brüssel gelockt, und dadurch trüge Teniers zur allgemeinen Blüte der Kunst in Brüssel bei. Der Rat von Brabant sah diesen Künstlerstreit sehr milde an, und es gelang ihm auch, auf gütlichem Wege einen Vergleich zwischen den streitenden Parteien zu stiften.

Aus diesem Streite und aus der absichtlichen oder unabsichtlichen Verwechslung des vor dem Vater gestorbenen Sohnes mit jenem hat also die spätere Schmäh- und Scheelsucht der Anekdotenschreiber jene oben erwähnte Humoreske zusammengesponnen, daß Teniers sich für tot ausgegeben habe, um dadurch bei einer Versteigerung seines Nachlasses höhere Preise herauszuschlagen. Ohne triftigen Grund hatte sich Teniers übrigens nicht zu der Versteigerung entschlossen, die ihm so viele Ärgernisse bereiten sollte. Sein Anwalt hatte vor Gericht angegeben, daß er dazu wegen seiner Kinder aus erster Ehe gezwungen worden wäre, die ihn wegen Herausgabe ihres mütterlichen Erbteils verklagt hätten. Diese Zwistigkeiten mit seinen Kindern müssen für Teniers um so härter gewesen sein, als er ihnen gegenüber durchaus loyal gehandelt hatte. Um auch nicht in den Schein zu geraten, als habe durch seine zweite Heirat übervorteilen zu wollen, hatte er bald nach der Geburt seines ersten Kindes aus zweiter Ehe Schritte zur Teilung seines Vermögens mit den Kindern der Anna Breughel gethan. Er wandte sich am 22. Dezember 1657 an den Magistrat von Antwerpen mit

dem Gesuch, seinen Bruder Julian und seinen
Schwager Abraham Breughel zu Mitvor-
mündern über seine Kinder zu bestellen, und
nachdem dieses Gesuch genehmigt worden war,
wurde Teniers' gesamtes Vermögen, seine
Ausstände und seine etwaigen Verpflichtungen
genau aufgenommen. Es ergab sich dabei
ein Kapital von 32170 Gulden, wovon
seinen Kindern aus erster Ehe 8381 Gulden
zugesprochen wurden. Diese Vermögensaufnahme, die nicht die geringste Kleinigkeit
übersah, bietet auch einiges künstlerisches
Interesse. Wir erfahren daraus u. a., daß
Teniers damals dem Statthalter Don Juan
von Österreich für 8000 Gulden Bilder
zum Ankauf angeboten und der Kunsthändler
Ernst Wolanski in Madrid Bilder für 5401
Gulden zum Verkauf übernommen hatte.
Vom Erzherzog Leopold Wilhelm hatte er
noch 2400 Gulden zu erhalten; aber dafür
mußte er „Kunstbücher mit italienischen
Kupferstichen" (Exemplare seines Galerie-
werks) liefern. Endlich — und das ist
der wichtigste Teil dieses Dokuments —
hatte er noch 600 Gulden vom Erzherzog
empfangen, wofür er jedoch „Patronen für
Tapeten", d. h. Kartons oder Vorbilder für
Gobelins, anfertigen mußte.

Solche Gobelins sind uns noch sehr
zahlreich in fürstlichen Schlössern, in Privat-
sammlungen und selbst in vornehmen Häusern
Deutschlands, Frankreichs und der Niederlande erhalten. Sie geben zumeist in den
bekannten üppigen Umrahmungen der Barock-
zeit oder in Blumengirlanden dieselben
Bauernbelustigungen, Wirtshausscenen, Tanzvergnügungen und Kirmeßfeste wieder, die
die Hauptmotive der größten Gruppe Te-
nierscher Gemälde bildeten. Während man
bisher geglaubt hatte, daß die Brüsseler und
Antwerpener Teppichweber die Tenierschen
Darstellungen frei für ihre Zwecke benutzt
hätten, erfahren wir jetzt, daß sich Teniers
auch diese Gelegenheit nicht entgehen ließ,
mit Rubens, Cornelis Schut, Abraham van
Diepenbeeck und anderen Großmeistern der
Antwerpener Schule zu wetteifern. Ihre
meist auf Papier oder auf dünner Leinwand
gemalten Vorlagen, die in den Händen der
Teppichwirker blieben, hatten bis um die
Mitte des XVII. Jahrhunderts hinein allein
den Geschmack beherrscht, bis es Teniers,
nachdem er erst mit den Teppichwirkern
Brüssels, den besten in ganz Flandern und

Brabant, Fühlung gewonnen, endlich gelang,
neben diesen Großmeistern durchzudringen
und den nach seinen Vorlagen gewirkten
Gobelins in den spanischen und österreichischen Schlössern denselben Ehrenplatz zu er-
ringen, den seine kleinen Bauernstücke und
Landschaften mit Figuren längst besaßen.

Auch über Teniers' zweite Heirat hat sich
ein Gewirr von böswilligem Klatsch gebreitet,
das nur schwer zu lösen ist, ja den Biographen fast ratlos macht. Es wird erzählt, daß der Meister nach dem Tode Anna
Breughels gezwungen war, sein Schloß Dry
Toren, an dem er mit ganzer Seele hing,
zu verkaufen, und da es in den Besitz des
Ratssekretarius Andries de Fren gekommen
war, hätte sich Teniers wohl oder übel ent-
schließen müssen, dessen Tochter zu heiraten,
um schnell wieder Schloßherr von Dry Toren
zu werden. Man könnte dieses Gerede kurz
in das Gebiet der Fabel verweisen, wenn
nicht zwei Urkunden störend dazwischenträten.
In der oben erwähnten Vermögensaufnahme
von 1657 werden nämlich die Häuser, die
Teniers damals besaß, genau bezeichnet; von
dem Landgut Dry Toren ist aber nicht die
Rede. Und doch wissen wir aus einem der
oben erwähnten Darstellungen seines Land-
sitzes, die von 1649 datiert ist, daß Teniers
schon mit Anna Breughel in Dry Toren die
Sommerszeit zugebracht hat. Oder sollte
er nur Pächter oder Mieter gewesen sein?
Denn die zweite Urkunde besagt, daß Teniers im Jahre 1662 von Ritter Jan Bap-
tist van Broeckhoven und seiner Gattin Helene
Fourment, Rubens' zweiter Frau, „einen in
Perck gelegenen Hof" gekauft hat, „bestehend
aus einem Schlößchen, ,de Drij Torens', mit
seinen Ländereien, Weiden, Baumgärten, Trif-
ten, Scheunen und Stallungen von einem
Areal von 35 Hektaren." Bei den freund-
schaftlichen Beziehungen der Familien Breughel
und Rubens ist es nicht ausgeschlossen, daß
Teniers das Gütchen bei Lebzeiten Anna
Breughels nur als Mieter bewohnt hat.
Sollte er aber schon damals Besitzer gewesen sein, so bleibt angesichts des Kauf-
vertrags keine andere Lösung des Rätsels
übrig, als bis auf weitere Urkundenfunde
den bösen Zungen in so fern Recht zu geben,
daß Teniers erst nach seiner zweiten Ver-
mählung wieder in den Besitz von „Dry
Toren" gelangt ist. Da seine zweite Frau
eine reiche Mitgift erhalten hatte (über

3000 Gulden an barem Geld, Kleidern und Juwelen und Einkünfte aus Häusern und Ländereien), mag ihm diese zur Wiedererlangung oder zum wirklichen Erwerb von Dry Toren behilflich gewesen sein.

Isabella de Fren schenkte ihrem Gatten vier Kinder. Bei dem dritten, einem Knaben, der am 17. Februar 1662 in der Koudenbergkirche getauft wurde, stand Don Juan de Oliva Pate, im Namen des Sennor Luis des Benavides, Carillo und Toledo, Marquis de Fronista und de Caracena. Dieser hohe Herr mit dem langen Titel war der neue Statthalter der spanischen Niederlande, der Nachfolger des Don Juan von Österreich. Teniers hatte es also verstanden, sich auch mit dem dritten Statthalter schnell in ein gutes Einvernehmen zu setzen.

Um diese Zeit mochte sein Ansehen und sein Einfluß am höchsten gestiegen sein, und da er sich dessen unzweifelhaft bewußt war, entschloß er sich zu einer That, die seinem Herzen und seiner Heimatsliebe zur höchsten Ehre gereicht, wenn sie auch nicht den Segen gestiftet hat, den Teniers davon erwartet hatte. Über Antwerpen war seit dem Anfang der vierziger Jahre ein langsames Siechtum hereingebrochen. Allgemach kamen doch die Nachwehen, einerseits von den langen Kriegen zwischen den nördlichen und südlichen Provinzen, andererseits von dem großen Weltkriege im Herzen Europas, und während Handel und Wandel, Wissenschaften und Künste unter dem Schutze der Geistes- und Gewissensfreiheit in den nördlichen Provinzen aufblühten, sank die stolze Königin der Schelde von Jahr zu Jahr immer tiefer von der Höhe ihrer Macht herab. Am

Abb. 19. Ländliche Scene. Reichsmuseum in Amsterdam.

schwersten litten die Künste darunter, die im Verlauf von anderthalb Jahrhunderten ununterbrochener Entwickelung zu einem Umfang und einer Vielseitigkeit gediehen waren, denen keine zweite damalige Kunststadt etwas Gleiches an die Seite zu setzen hatte. Ihnen in der allgemeinen Notlage der Zeit aufzuhelfen, war Teniers' Ziel. Er glaubte aber, daß der Verfall der Kunst nicht den wirtschaftlichen Verhältnissen zuzuschreiben wäre, sondern dem Rückgang der künstlerischen Kräfte, und um diese systematisch zu heben, beschloß er die Gründung einer Kunstakademie nach dem Muster der in Rom und Paris bestehenden. Da sie natürlich nur mit Hilfe der Lukasgilde zu erreichen war, setzte er sich zunächst mit dem Hauptmann der Gilde, dem damaligen Bürgermeister von Antwerpen Paul van Hamale, in Verbindung, und Anfang 1662 war der Plan so weit gediehen, daß an die Beschaffung der nötigen Geldmittel gedacht werden konnte, was natürlich die Hauptsache war. Bares Geld muß damals so knapp gewesen sein, daß der Gedanke, etwa den König von Spanien oder

sandte sie Teniers nach Madrid ab. Nun hatte sie aber erst noch einen langen Instanzengang durchzumachen. Denn der König dekretierte nicht so ohne weiteres. Er schickte die Bittschrift am 5. Mai 1662 an seinen Statthalter, den Marquis von Caracena, und da dieser, wie schon erwähnt, mit der Statthalterwürde auch die Erbschaft des Protektorats über Teniers übernommen hatte, kam die Angelegenheit allmählich in Fluß.

Abb. 50. Landschaft mit Bauernhäusern. Gemäldegalerie in Kassel.

den Magistrat von Antwerpen darum anzugehen, gar nicht in Erwägung gekommen zu sein scheint. Teniers hatte auch ein anderes, für die damalige Lage in den spanischen Provinzen höchst bezeichnendes Mittel in Bereitschaft. Die Dekane der Lukasgilde verfaßten auf seinen Rat eine Bittschrift an den König, worin sie für zwölf Personen Freibriefe von allen Abgaben erbaten. Diese sollten dann versteigert und aus ihrem Erlös die ersten, für die Einrichtung der Akademie nötigen Kosten bestritten werden. Nachdem diese Bittschrift in Brüssel durch einen Klosterbruder ins Spanische übersetzt worden war,

Am 17. Juli 1662 beschäftigte sie bereits den Rat von Brabant, und am 11. Januar 1663 kam sie vor dem Magistrat von Antwerpen zur Verhandlung. Denn dieser war eigentlich die am nächsten beteiligte Instanz, da die Stadt durch den Verkauf von Freibriefen die größte Einbuße erlitt. Der Magistrat beschloß dann auch, den zu erwartenden Schaden etwas zu kürzen, und er bewilligte statt der erbetenen zwölf Freibriefe ihrer nur acht. Zum Ersatz dieses Ausfalls wollte er aber die für die Akademie nötigen Räume, in denen gelehrt, nach dem lebenden Modell gezeichnet und gemalt und eine kleine Ge-

mäldesammlung eingerichtet werden sollte,
kostenfrei hergeben.

Dieser Beschluß wurde am 26. Januar
1663 gefaßt, und noch am Abend dieses
Tages konnte ihn Teniers den Dekanen der
Lukasgilde kund thun, die im ersten Stock
des Gildehauses zur „Duden Voetboeg" (zur
alten Armbrust) versammelt waren. Diese
frohe Botschaft rief eine so gewaltige Er-
regung hervor, daß man sie nur durch ge-
waltsame Mittel niederkämpfen konnte. 26
Gulden ließ die Gilde aus ihrem Säckel

Brabant am 2. Oktober 1663 bestätigt
worden war, konnte nunmehr der Verkauf
der Freibriefe vor sich gehen, der 5240
Gulden einbrachte. Jetzt gab auch die Stadt
das versprochene Lokal im Obergeschoß der
Börse her, und da dieses zugleich den Ver-
sammlungen der Lukasgilde dienen sollte,
konnte es nicht besser eingeweiht werden,
als durch die große Gildemahlzeit, die am
18. Oktober 1664 stattfand. Aber auch
dieses dritte Festmahl rief die eigentliche
Akademie noch nicht ins Leben. Noch über

Abb. 51. Bauernjungen mit einem Hunde. Kaiserl. Galerie in Wien.
(Nach einer Photographie von J. Löwy in Wien.)

springen, und wir erfahren auch haarklein,
daß dafür ein Viertel Wein und 15 Krüge
Bier getrunken und dazu eine entsprechende
Quantität von Würsten, Parmesankäse und
Weizenbrot verzehrt wurde. Diesem improvi-
sierten Zweckessen folgten aber noch einige
Formalitäten. Am 19. Februar wurde die
Genehmigung des Geheimen Rats von Brabant erteilt, am 6. Juli die des Königs.
Nun war es Zeit, wieder ein Festmahl zu
geben, das am 27. August im Gildelokal
bei den Armbrustschützen stattfand. Nachdem
dann noch die Genehmigung des Königs
durch die alleroberste Instanz in Landes-
angelegenheiten, den Geheimen Rat von

ein Jahr dauerten die Vorarbeiten zur Aus-
schmückung und Einrichtung der Räume.
Für den Versammlungssaal lieferten Jordaens und Boeyermans die Deckengemälde
und der Bildhauer Artus Quellinus eine
Büste des Statthalters Marquis von Caracena. Aus dem alten Gildelokal wurden
die noch vorhandenen Gemälde überführt,
und hinter dem Versammlungssaal wurde
der Saal für den akademischen Unterricht eingerichtet. Dieser begann endlich am 26. Oktober 1665. Im Winter sollte er täglich
von sechs bis acht Uhr abends stattfinden,
also wie die heute noch üblichen und stark
besuchten Abendkurse, und im Sommer von

fünf bis acht Uhr morgens. Eine sehr vernünftige Zeiteinteilung, die jedem Besucher Freiheit genug ließ, um sich neben dem akademischen Unterricht seinem Erwerb oder

nach wenigen Jahren mußten die Dekane, die sich durch mehrere Zweckessen für die große Sache begeistert hatten, durch Androhung von Strafen gezwungen werden,

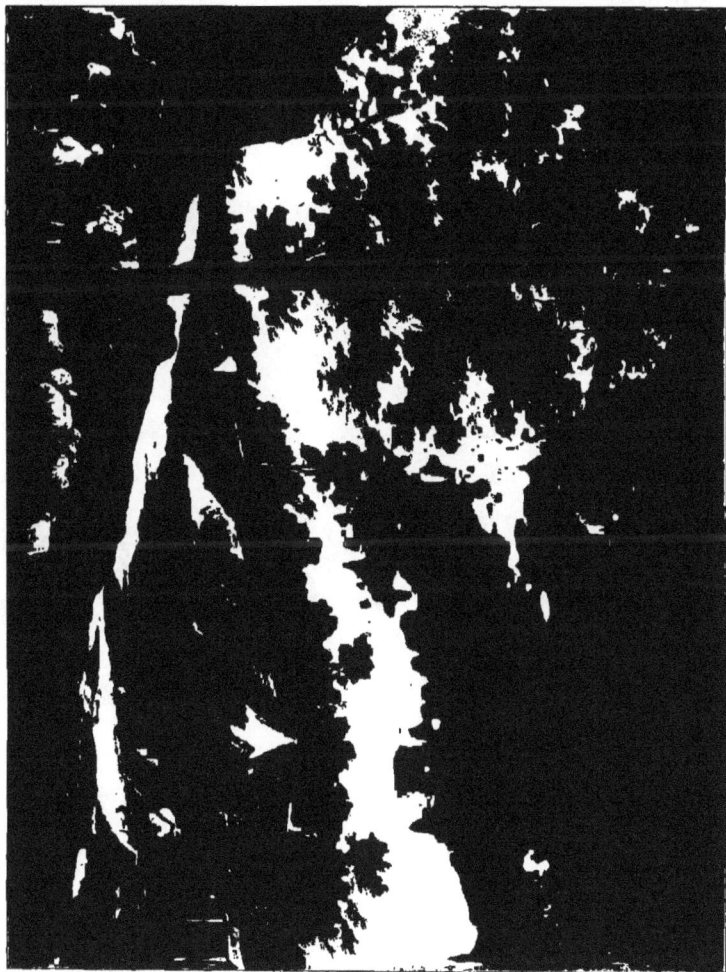

Abb. 52. Flämische Landschaft. Museum in Brüssel.

eigenen Studien zu widmen. Die jeweiligen und die früheren Dekane der Lukasgilde waren verpflichtet worden, den Unterricht abwechselnd zu besorgen. Aber selbst dieses große Maß von Freiheit kam Lehrern und Schülern bald wie ein Zwang vor. Schon

überhaupt noch Unterricht zu geben, und ehe die Akademie noch eine Blüte erreicht hatte, geriet sie in Verfall, wie oft auch Teniers später noch den Versuch machte, ihr wieder aufzuhelfen. Daß sie auch in dem Jahrhundert nach seinem Tode ihr Dasein notdürftig fristete, ohne gänzlich einzuschlafen, ist ein wahres Wunder. Ab und zu half ihr ein wohlhabender Künstler mit seinen Geldmitteln etwas auf, und so rettete sie sich durch eine Zeit der schweren Not in unser Jahrhundert hinein. Als dann die Zeit kam, wo die südlichen Provinzen sich ihrerseits von den nordholländischen losrissen, da erlebte auch die Gründung des wackeren Teniers eine Periode des höchsten Glanzes, der sich wieder auf die gesamte europäische Malerei ergoß und Antwerpen zum Wallfahrts-

gabe thatkräftig wiederaufzunehmen und die fast erloschenen Funken des heiligen Feuers in der Stadt wieder aufflammen zu lassen."

Die Erzählung der großen und kleinen Schicksale des Künstlers, seiner großen und kleinen Sorgen, seiner peinlichen Streitigkeiten hat uns gezwungen, für eine Zeitlang die Aufmerksamkeit des Lesers mehr dem Menschen als dem Künstler zuzuwenden. Aber das Interesse an dem Künstler und seinen Werken ist noch lange nicht erschöpft. Auf einem seiner in Kupfer gestochenen

Abb. 53. Winterlandschaft. Kaiserl. Galerie in Wien.
(Nach einer Photographie von J. Löwy in Wien.)

orte aller strebenden Kunstjünger machte. Was diese Akademie für das Kunstleben in Antwerpen trotz ihrer geringen Erfolge im XVII. und XVIII. Jahrhundert dennoch bedeutete, hat einer der Geschichtsschreiber der Antwerpener Malerschule richtig herausgefühlt. „Blieb ihr Einfluß auch immer klein," so schreibt er am Schlusse seiner Betrachtungen über die Schicksale der Teniersschen Gründung, „so darf man doch nicht vergessen, daß sie in den schlechten Zeiten des XVIII. Jahrhunderts den Kunstgeist in Antwerpen vor gänzlichem Entschlummern bewahrte, und daß sie bei der Besserung der Verhältnisse sofort bereit war, ihre Auf-

Bildnisse, das zu einer von Pieter de Jode dem Jüngeren angefertigten und in den Handel gebrachten Sammlung von Künstlerporträts gehört und das unseren Teniers etwa im Alter von 38—40 Jahren darstellt, wird er in der ausführlichen biographischen Unterschrift „ein sehr vortrefflicher Maler in kleinen Figuren und Landschaften" genannt. Es ist ein Urteil, das offenbar der Stecher selbst, also ein Kunstgenosse, abgegeben hat. Zu Teniers' Zeiten hat man demnach neben seinen Bildern mit kleinen Figuren seine Landschaften besonders hoch geschätzt, und mit diesem Urteil der Zeitgenossen stimmt auch das eines der besten

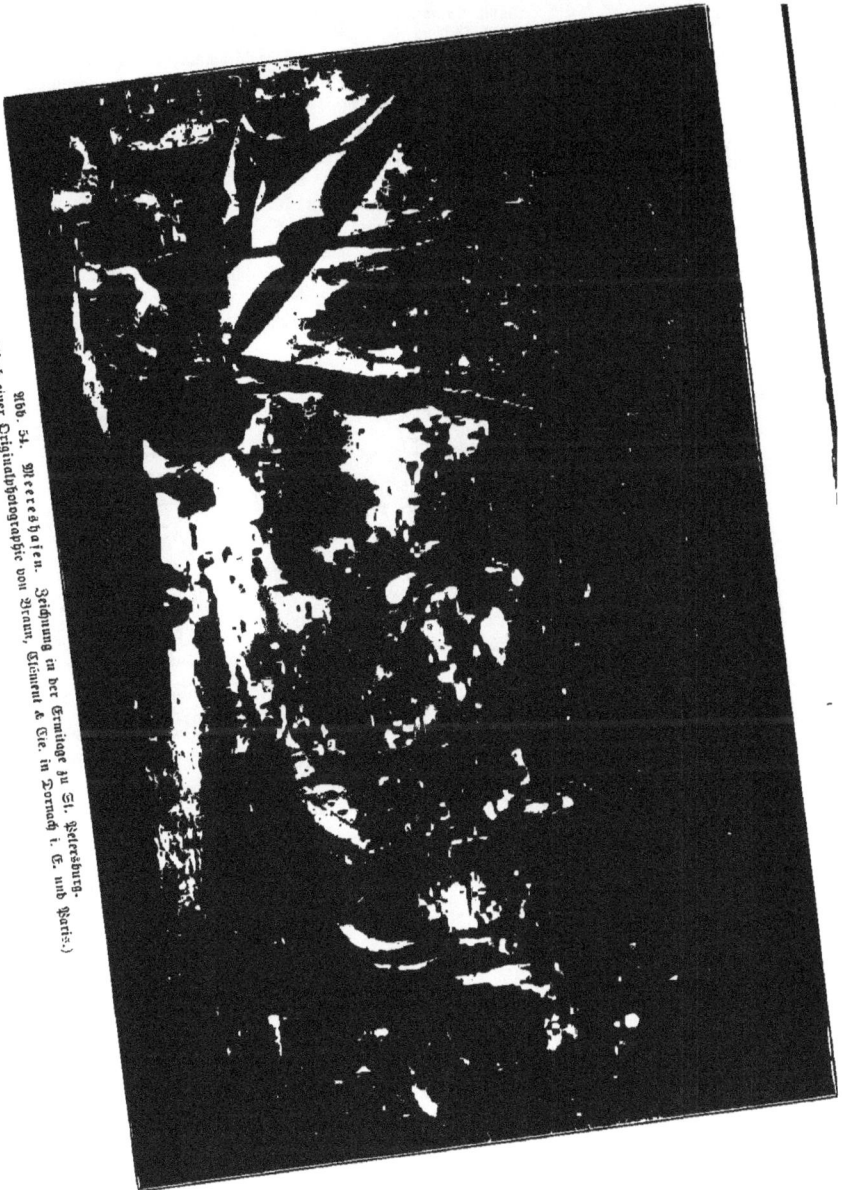

Abb. 54. Meeresbojen. Zeichnung in der Eremitage zu St. Petersburg.
(Nach einer Originalphotographie von Braun, Clément & Cie. in Dornach i. E. und Paris.)

Kenner niederländischer Malerei in unserer Zeit überein, der geradezu erklärt, daß Teniers' eigentliche Begabung in seinem landschaftlichem Sinne gelegen habe. Jedenfalls hat diese Begabung seine Kunst bis in sein hohes Alter hinein immer frisch und lebenswahr erhalten. Er blieb sozusagen in beständigem Verkehr mit der Natur, und dadurch hat er es erreicht, daß seine Landschaften niemals an jener Eintönigkeit der Motive leiden, von der bisweilen seine Kneipscenen, seine Wirtshausbilder und seine Bau-

toten Stein lebendig macht, der bald eine gar zu keck gewordene Lokalfarbe dämpft, bald eine andere desto fetter und leuchtender hervortreten läßt. Dabei haftet diesem Spitzpinsel nichts von jener Pedanterie, von jener peinlichen Kleinlichkeit an, die noch das Kennzeichen der Landschaften des Sammetbreughel, des Schwiegervaters unseres Meisters, waren. Auf der anderen Seite hat Teniers aber auch nichts von der majestätischen Breite, von der verhaltenen Farbenglut, die den vlämischen Wald- und Wiesengründen

Abb. 55. Das Gastmahl des bösen Reichen. Zeichnung im Louvre zu Paris.
(Nach einer Originalphotographie von Braun, Clément & Cie. in Dornach i. E. und Paris.)

erntänze nicht freizusprechen sind. Er hat große und kleine Landschaften gemalt, große für dekorative Zwecke, die diesen Zwecken ebenso glücklich angepaßt sind wie die nach seinen Vorlagen gewebten Gobelins, und kleine intimen Charakters, in denen immer ein gewisses Licht-, Luft- oder Stimmungsproblem mit spielender Leichtigkeit gelöst wird. Es ist ein wahres Vergnügen, auf solchen kleinen Bildern dem Sprüngen des zierlich hin und her hüpfenden Spitzpinsels zu folgen, der hier einem Steinchen, einem Pflänzchen, einem Baumwipfel ein Lichtchen aufsetzt, dort einen Gold- und Silberstreifen über eine Mauerecke wirft und damit den

des großen Rubens eigentümlich sind. Man darf Teniers beinahe schon zu den Tonmalern im modernen Sinn rechnen, zu den Koloristen, die alle Lokalfarben einem großen Grund- oder Gesamtton unterordnen, der die Stimmung angibt. In solchen Stimmungslandschaften, auf denen das verschleierte Sonnenlicht das gesamte Landschaftsbild je nach der Kraft der Strahlen und je nach dem Feuchtigkeitsgehalt der Luft mit goldenem oder silbrigem Dunst umhüllt, kommt Teniers den ähnlichen Tonstücken des holländischen Großmeisters Jan van Goyen gleich, und es ist darum begreiflich, daß auch Wilhelm von Oranien, der Gouverneur der nördlichen

5*

Provinzen, ein Gönner des katholischen Hofmalers seiner Widersacher war. Wie sehr auch die Malerei großen Stils, besonders die religiöse, unter dem Einfluß der verschiedenen Bekenntnisse hüben und drüben auseinander gegangen war — Genre- und Landschaftsmaler verloren ihren alten Stammeszusammenhang nicht, und so hielt wenigstens das gemeinsame nationale Band der Kunst die zerrissenen Bruderstämme etwas zusammen.

Daß Teniers' landschaftliche Kunst ganz und gar im vaterländischen Boden wurzelte, das einzige Rettungsmittel vor den Übeln der gesellschaftlichen Fäulnis anpriesen.

Ohne seine Bauern konnte sich Teniers auch seine Landschaften nicht denken. Meist brauchte er einen kräftigen Vordergrund oder eine Art Seitenkulisse, vor der sich irgend eine ländliche Scene abspielte, wie z. B. auf dem Bilde im Reichsmuseum zu Amsterdam (s. Abb. 49), wo der Mann, bevor er mit Karren und Spaten auf die Feldarbeit geht, seiner daheim bleibenden Frau die Richtung weist, wohin er sich begeben will. Die Frau hat inzwischen des Hauses,

Abb. 50. Vorbereitungen zu einem Schmause. Zeichnung im Louvre zu Paris.
(Nach einer Originalphotographie von Braun, Clément & Cie. in Dornach i. E. und Paris.)

mag auch wesentlich zu ihrer Volkstümlichkeit beigetragen haben. Trotz der unverminderten Hochschätzung der Großmeister der italienischen Kunst war man in den Niederlanden der Italienerei oder des „Italianismus", das heißt der Nachahmung der Italiener durch die einheimischen Künstler, zuletzt überdrüssig geworden. Wie Rubens, der am Ende seines Lebens die höchste Befriedigung in Genusse ländlicher Einsamkeit fand, mögen viele gedacht haben, und niemand vermochte die Reize des Landlebens anziehender, idyllischer und vielseitiger zu schildern als Teniers. Noch dazu vollkommen naiv, noch ohne die empfindsame Beigabe, mit der die Philosophen des folgenden Jahrhunderts die Rückkehr zur Natur als der Küche und des Kindes zu warten, und wenn dieses sich einmal im Trubel der häuslichen Angelegenheiten selbst überlassen bleibt, so sorgt die wulstige, um den Kopf gelegte Kranz, das Attribut aller kleinen Kinder, die man auf niederländischen Gemälden des XVI. und XVII. Jahrhunderts sieht, dafür, daß ein unbeaufsichtigter Wildling sich wenigstens nicht den Kopf einrennt oder beim Fallen zerschlägt. Auf einem zweiten, ähnlich komponierten Bilde in der Gemäldegalerie zu Kassel (s. Abb. 50) ist ebenfalls ein Bauer, der einen Schubkarren fährt, der Mittelpunkt des Bildes, auf den sich sofort das Interesse des Beschauers richtet. Noch mehr treten die Figuren auf einem Bilde der kaiserlichen Galerie in Wien (s. Abb. 51)

Abb. 57. Bauerntanz vor einem Wirtshaus. Zeichnung in der Albertina zu Wien.

in den Vordergrund, wo Bauernjungen mit einem Hühnerhunde spielen. Man hat aber hier die Empfindung, als wären die Figuren erst später hinzugefügt worden, um das Bild dem Käufer gefälliger zu machen. Eine reine Landschaft im Stile einer Hirten-idylle ist dagegen das anmutige Bild des Brüsseler Museums (Abb. 52) mit der melkenden Kuhmagd, mit der ein alter Schaf-hirt Zwiesprache hält, bevor er mit seiner kleinen Herde seines Weges weiter auf die sonnigen Hügel zieht, die sich zu dem Flüß-chen hinabsenken, das das Bild schräg durch-schneidet. Ebenso die Winterlandschaft in der kaiserlichen Galerie zu Wien (s. Abb. 53), in deren Vordergrunde ein Bauer seine in der Stadt erstandenen Schweine heimwärts treibt, während in der Senkung des Mittel-grundes, auf der Eisdecke eines Baches mehrere andere Bauern Versuche im Eis-

lauf machen. Mit derselben Virtuosität, mit der die Teniers die flimmernde, von der Sonne durchglühte Luft eines Sommerabends in ihren zarten Schwingungen auf die Tafel zu bannen weiß, versteht er hier allen Nuancen eines grauen Winterhimmels gerecht zu wer-den und selbst unter der Schneedecke den eigentümlichen Charakter der welligen Land-schaft zu betonen.

Eine ganz vereinzelte Erscheinung unter diesen Landschaften und landschaftlichen Studien des Meisters ist eine Zeichnung in der Ermitage zu St. Petersburg: ein Meeres-hafen, in dessen Mitte eine stolze Fregatte vor Anker liegt, während am Landungsplatze im Vordergrunde Leute beschäftigt sind, Waren aus- und einzuladen (s. Abb. 54). Ein Blick auf die felsige Wand, die rechts emporsteigt und die natürliche Schutzwand des Hafens bildet, lehrt uns, daß wir keinen

Abb. 58. Gesellschaft am Kamin. Zeichnung im königl. Kupferstichkabinett in Berlin.

sich keineswegs wie etwa die genialen, aber brutal hingehauenen Federzeichnungen Brouwers mit flüchtigen Andeutungen begnügen, sondern bisweilen sogar schon bildmäßig abgerundet sind. Sie sind teils mit schwarzer Kreide, teils mit Bleistift sauber und bestimmt, fast mit der Schärfe einer Federzeichnung ausgeführt. Eine der interessantesten besitzt die Sammlung des Louvre zu Paris, weil sie nämlich ein Motiv behandelt, das wir auf keinem der uns erhaltenen Bilder des Künstlers dargestellt finden: das Gastmahl des bösen Reichen nach der Erzählung des Evangeliums (s. Abb. 55). Während der hartherzige Mann in vornehmer orientalischer Tracht mit seiner Frau an reich besetzter Tafel schlemmt, treiben seine Diener im Hintergrund den siechen Bettler von der Schwelle des Hauses. Ein zweites Blatt des Louvre (s. Abb. 56) führt uns in einzelnen Figuren die Vorbereitungen zu einem großen Schmause vor. Aus einer Reihe von Fässern, die auf dem Erdboden lagern, wird Bier in Krüge verzapft, wobei der Kellner sich selbst nicht vergessen. Etwas weiter links steht der Wirt vor seinen Kochkesseln, der noch einem davoneilenden Burschen rasch eine Anweisung gibt, und rechts oben ist eine jener Scenen dargestellt, die von einem solchen Gelage, wie es hier vorbereitet wird, unzertrennlich sind: ein in der Trunkenheit zusammengebrochener Bauer, dem seine Frau aufzuhelfen sucht. Eine mit dem Rotstift flott und lebendig durchgeführte Zeichnung in der Albertina zu Wien (s. Abb. 57) ist in ihren figürlichen Teilen bereits so völlig abgeschlossen, daß sie unmittelbar auf

der Häfen in der niederländischen Heimat vor uns haben. Wir denken an eine der felsigen Buchten an der italienischen Nordwestküste, an der Riviera, und da Teniers niemals dort gewesen ist, hat der geschäftige Mann, der seine Motive nahm, wo er sie fand, vielleicht wie bei der großen Messe in Florenz auch hier eine Anleihe bei einem Fremden gemacht. Ganz und gar sein eigenes Gepräge tragen dagegen die drei vornehmen Kavaliere, die der Einladung der Güter in die Barke zuschauen.

Es ist erstaunlich, daß ein Künstler, der über tausend auf Holz, Leinwand, Kupfer und Stein gemalte, große und kleine Bilder hinterlassen hat, von denen nicht eines die Spuren von Flüchtigkeit oder Nachlässigkeit an sich trägt, die Zeit fand, seine Kompositionen vorher noch in Zeichnungen festzustellen und auch Einzelstudien für seine Bilder zu machen. In fast allen öffentlichen Sammlungen begegnen wir solchen Zeichnungen von der Hand des Meisters, die

Leinwand oder Eichenholz übertragen werden könnte. Es ist ein schnell improvisierter Bauerntanz vor der Giebelseite eines Wirtshauses, wozu ein vorüberziehender Dudelsackpfeifer die Anregung gegeben hat. Auch die unwiderstehliche Liebe zur Musik ist einer der am stärksten hervortretenden Charakterzüge der Vlamen, der bis auf den heutigen Tag noch das gesamte gesellschaftliche Leben Belgiens beherrscht. Keine öffentliche Feier, kein Aufzug, kein Gedenktag ohne musikalische Aufführungen und musikalische Wettkämpfe im größten Stile, wobei nur mit Massenwirkungen auf freien Plätzen gearbeitet wird und dazu selbst die Glockenspiele benachbarter Kirchtürme herangezogen werden! Teniers selbst war ein eifriger Freund der Musik. Als Cellisten haben wir ihn auf einem seiner Bilder kennen gelernt. Auch war er Mitglied einer hochangesehenen Gesellschaft, der Rederykskammer der Violier in Antwerpen, in der Dichtkunst sowie Musik gepflegt wurden, daneben aber auch die Pflege der Geselligkeit nicht außer acht blieb.

Zwei Zeichnungen in dem Berliner Kupferstichkabinett führen in die Gesellschaft, in der Teniers zu leben gewohnt war, wenn er nicht auf seine Bauernstudien ausging. Man möchte die eine (s. Abb. 58) für eine Jugendarbeit hal-

ten. Wir blicken in die vornehm ausgestattete, wenn auch etwas enge Besuchsstube eines wohlhabenden Antwerpener Bürgerhauses. Vor dem prasselnden Kaminfeuer, das eine Magd schürt, hat sich eine Gesellschaft von sechs Personen versammelt. Ein jugendliches Paar in Staatskleidung sitzt in feierlicher Haltung auf zwei Armstühlen, die sicherlich Ehrenplätze bedeuten. Wenn man die Sitte unserer Tage in Betracht zieht, möchte man an eine Brautvisite denken. Etwas Außergewöhnliches muß es

Abb. 59. Figurenstudien. Zeichnung im königl. Kupferstichkabinett in Berlin.

jedenfalls fein, da sich die lebenslustigen Flamen, auch die der vornehmen Stände, im alltäglichen geselligen Verkehr nicht so steif gebärden wie ihre nordholländischen Brüder. Auf dem zweiten Blatt des Berliner Kabinetts (s. Abb. 59) tritt uns bereits der Hofmaler des erzherzoglichen Hauses entgegen, der sich in der vornehmen Umgebung ebenso schnell in die Grandezza der spanischen Tracht und des spanischen Ceremoniells einlebte, wie er früher in die derben Intimitäten des vlämischen Landvolkes eingedrungen war. Es sind Studien nach reich gekleideten Herren und Damen, die in feierlichem Tritt, wie bei einer Prozession, einherschreiten. Es handelt sich vielleicht um eine Art von Defiliercour vor dem Statthalter unter freiem Himmel; denn zwischen die vornehmen Paare sind hier und da auch Leute aus dem Volk gemischt, und ein Mann hebt seinen Knaben in die Höhe, weil es etwas zu schauen gibt.

Um nicht bloß in Malereien und Zeichnungen, sondern auch in der Radierung auf Kupfer mit seinen holländischen Nebenbuhlern den Strauß zu wagen, hat sich Teniers auch mit der Radiernadel versucht, genau mit derselben Virtuosität, wie mit dem Zeichenstift. Aber der Betrieb im großen mochte ihm nicht genügenden Lohn versprochen haben, und so ließ er es bei einigen Versuchen bewenden. Es gab damals so viele nach Brot suchende Kupferstecher in Brüssel und Antwerpen, daß er ihnen das Geschäft nicht verderben mochte. Geist und Witz hätte er genug besessen, um es auch auf diesem Gebiete mit seinem gefährlichsten Nebenbuhler, dem gleichaltrigen Adriaen van Ostade, aufnehmen zu können.

* * *

Teniers war aber nicht bloß ein Mann voll Geist und Witz; er muß sich auch neben seiner musikalischen Bildung gewisse litterarische Kenntnisse angeeignet haben. Das Museum in Madrid besitzt ein Dutzend kleiner, sehr zierlich auf Kupfer gemalter Bilder, die die Hauptscenen aus Tassos „Befreitem Jerusalem" darstellen. Sie sind unter den Werken des Meisters eine so außergewöhnliche Erscheinung, daß einige Kritiker an ihrer Echtheit gezweifelt haben, obwohl sie durch die Bezeichnung des Künstlers als eigenhändige Arbeiten von ihm gesichert sind. Vielleicht hat Teniers genug Italienisch verstanden, um sich unter den Kriegs-

und Liebesabenteuern Rinaldos und Armidas zurecht zu finden, vielleicht hat es aber auch schon damals eine vlämische Übersetzung des Gedichts gegeben. Vor Teniers hatte bereits van Dyck eine Episode daraus, Rinaldo in den Zaubergärten der Armida, von einem Heer von Amoretten umgeben, behandelt und mit allem Reize einer fast modernen Romantik ausgestattet. Ein Romantiker, ein Poet überhaupt war Teniers nun freilich nicht. Bei der Geschichte, die Tasso erzählt, reizten ihn nur das Fremdartige und Abenteuerliche, die Kämpfe Rinaldos mit seinen heidnischen Widersachern und seine Liebeskämpfe mit der schönen Zauberin, die auf ihrem Wagen im Schlachtgetümmel, einmal auch, wie es der Gang der Erzählung mit sich bringt, in den Lüften erscheinen.

Aus welchen litterarischen Quellen mag Teniers aber die Motive zu seinen Affen- und Katzenbildern geschöpft haben, auf denen das Treiben der Menschen parodiert wird? Die vlämischen Lokalforscher haben uns auf diese Frage bisher noch keine Antwort gegeben, und man ist darum auf allgemeine Vermutungen angewiesen. Die Fabeln des Phädrus gehörten zu dem notwendigen Lehr- und Lesestoff, der während des ganzen Mittelalters in den Klosterschulen dargeboten wurde. Die Tierfabel war der Deckmantel für moralische Unterweisungen, die sich in der Religionslehre nicht unterbringen ließen, und überdies bot sie dem kindlichen Phantasie vielleicht die einzige Anregung und Erholung in dem tödlichen Einerlei der Andachtsübungen und der Lateinstunden. Die Illustration der Handschriften, in denen weltlicher Teil die sogenannten „Bestiarien," die Tierbücher oder vielmehr Lehrbücher der Naturgeschichte, eine nicht unbedeutende Rolle spielten, that das Ihrige, um auch den Kunsttrieb in der Nachbildung der Tiere anzuspornen. Einen angenehmen Vorwand dazu bot das Paradies, worin jedes Getier mit dem ersten Menschenpaar einträchtiglich zusammenlebte, und so wurden Darstellungen des Paradieses die ersten Schauplätze, auf denen die Tiermaler zunächst ihre Kräfte erprobten konnten. Keiner that es so oft wie Jan Breughel, Teniers' Schwiegervater, und ihm, dessen Landschaften, Bauernbilder und Kirmeßscenen sicherlich auch einen gewissen Einfluß auf Teniers geübt haben,

fiel es gelegentlich ein, in die Tierwelt im
Paradies, die sich immer so friedlich und
gravitätisch benahm, etwas Leben und Humor hineinzubringen. Er malte einmal ein
Vogelkonzert, bei dem die Vögel nach Noten
und unter Leitung eines Kapellmeisters sängen,
und andere machten ihm diese Vogelkonzerte
in großem Maßstabe nach.

Ob daraus Teniers die Anregungen zu
seinen Tierparodien geschöpft hat oder ob

datierten Bilder, ein Alchemist in der Münchener Pinakothek, ist von 1680 —, so liegt
die Vermutung nahe, daß die Tierparodien
auf das menschliche Leben, deren Grundzug
der unbefangene, von jeder persönlichen Em-
pfindlichkeit freie Humor ist, erst im Weis-
heitsalter des Künstlers entstanden sind.
Dem ist aber nicht so. Sie gehen vielmehr
so ziemlich parallel mit den besten Schöpfungen seines Mannesalters, aus den Jahren

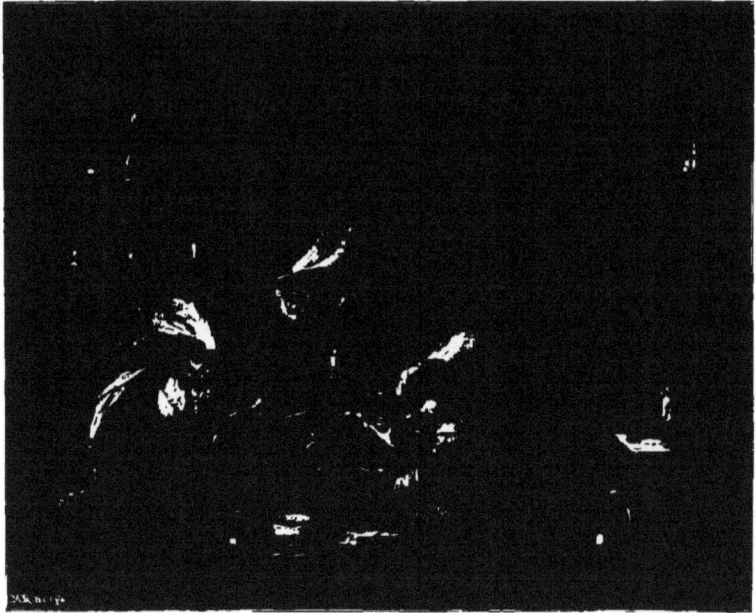

Abb. 60. Rauchende Affen im Wirtshaus. Alte Pinakothek in München.
(Nach einer Photographie von Piloty & Löhle in München.)

er auf ältere Meister, wie Hendrik Bles,
der auch schon Affenscenen gemalt hat, zurück-
gegangen ist? Wir wissen es nicht. Es
fehlt, soweit unsere gegenwärtige Kenntnis
reicht, an genügenden Vermittlungsgliedern,
und darum dürfen wir bis auf weitere
Entdeckungen Teniers' parodistische Affen-
und Katzenbilder als Erzeugnisse seines
Witzes rühmen. Keines von ihnen ist mit
einer Jahreszahl bezeichnet. Da er zu Ende
der siebziger Jahre seines Jahrhunderts allmählich aufhörte, seinen Bildern noch das
Geburtsattest beizugeben — das letzte seiner

der Kraft von 1640—1660. Für seine
Tiergesellschaften hat Teniers fast dieselben
oder doch nur wenig unkomponierten Räum-
lichkeiten gewählt, wie für seine Bauern
und Soldaten. Er hat seine Affen nur
etwas phantastischer kostümiert, wobei immer
Hüte und Mützen mit stolzen Federn eine
Hauptrolle spielen. Eine Gesellschaft solcher
Affen, die rauchen und des Trunkes harren,
den ein Kellner aus den Fässern im Hintergrunde zapft (s. Abb. 60, in der Münchener
Pinakothek), haust in einem halbdunklen
Kellergewölbe, das auf anderen Bildern das

Wachtlokal von Soldaten abgibt. Da diese Affen obenein noch bewaffnet sind, ist die Satire unverkennbar. Wenn die Affen trinken und schmausen wollen, müssen sie auch ihr Mahl selber zubereiten können. Das sehen wir aus den beiden Affenküchen in der Münchener Pinakothek (s. Abb. 61) und in der Ermitage zu St. Petersburg (s. Abb. 62). Beide sind so eingerichtet, daß „zwischen Lipp' und Kelchesrand" kein großer Raum

Kapaun beschäftigt, auf dem Erdboden, und in ihrer Nähe öffnet ein Küchenjunge Austern, die er auf den Rost legt, auf dem sie gebacken werden sollen. Dieselben kulinarischen Genüsse, an denen die Menschen damals ihre Freude hatten, sind also auch den Affen vertraut. Die Affen, die Teniers zumeist gemalt hat, sind Meerkatzen, die zähesten, aber auch muntersten, possierlichsten und gelehrigsten aller Affenarten, die schon im XVI. Jahr-

Abb. 61. Affenmahlzeit in einer Küche. Alte Pinakothek in München.
(Nach einer Photographie von Piloty & Löhle in München.)

ein verdrießliches Hindernis bildet. Jeder Gast wird sofort bei dem Eintritt in diese weiten Hallen über das Menu unterrichtet, weil es ihm in die Nase duftet. Es geht bei den Affen genau so wie bei den Menschen her, echt „vlämisch." An den Spießen über dem Kaminfeuer werden Reihen von Geflügel gebraten, und nicht weit davon sind die Tische gedeckt, um all den Segen aufzunehmen. In der Münchener Affenküche hockt neben dem Tische der Alten, auf dem eine Pastete zerlegt wird, ein Kleeblatt kleinerer Affen, das sich mit einem gebratenen

hundert in Mengen nach Europa „über das Meer" kamen und davon ihren Namen erhielten. Wegen ihrer Gelehrsamkeit verwendete sie Teniers nicht bloß als Raucher, Trinker, Kartenspieler, Feinschmecker und Köche, sondern auch als ernsthafte Nachahmer höherer menschlicher Thätigkeit. Im Museum zu Madrid sehen wir einen Affen als Maler und einen Affen als Bildhauer, in dessen Atelier sich unter anderen Gegenständen ein Grabmal für einen Affen befindet, ja sogar eine ganze Affenschule, und zwei Tische sind es auch, die die musikalische Begleitung

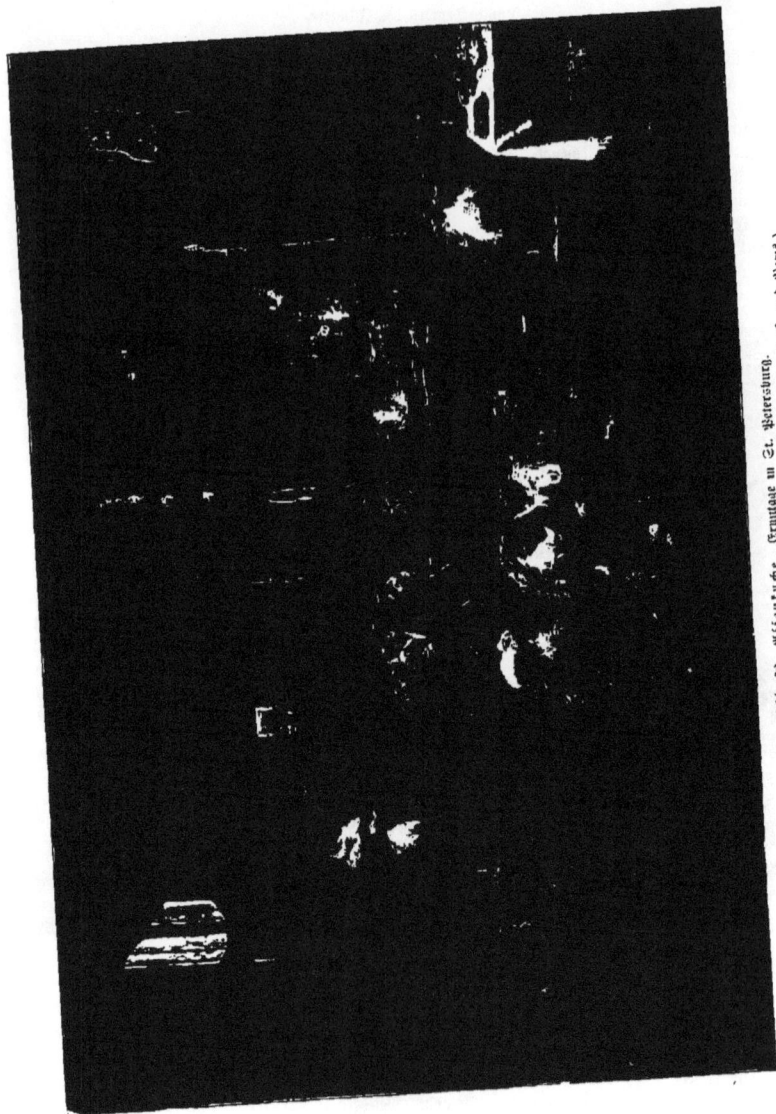

Abb. 62. Affentanz in St. Petersburg.
(Nach einer Originalphotographie von Braun, Clément & Cie. in Dornach i. E. und Paris.)

zu dem Konzert in der Münchener Pinakothek (s. Abb. 63) liefern, das unter dem
Vorsitz einer mächtigen Eule von alten und
jungen Katzen ausgeführt wird.

* *

Teniers' letzte Lebensjahre verliefen nicht
so ungetrübt, wie es der allezeit heitere
Maler so vieler lustiger Scenen und sonniger
Landschaften verdient hätte. Wir haben

nur noch zwei am Leben geblieben — hatte
der alte Teniers selbst noch Auseinander-
setzungen zu bestehen; denn auch seine zweite
Frau, Isabella de Fren, war vor ihm aus
dem Leben geschieden. An ihrer Seite, im
Chor der Dorfkirche zu Perck, fand der von
seinen Kindern verlassene Greis seine letzte
Ruhestätte, nachdem er am 25. April 1690,
fast achtzigjährig, in Brüssel die müden
Augen geschlossen hatte. Das Datum seines

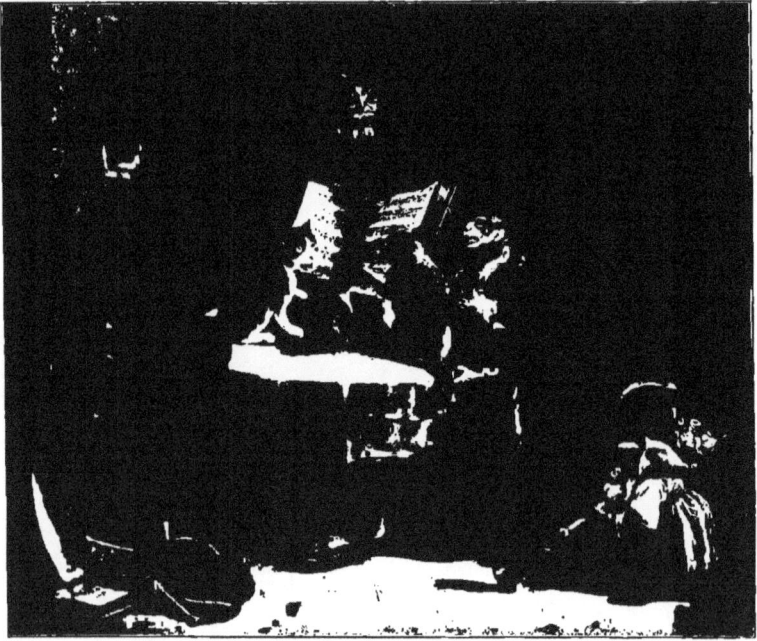

Abb. 63. Affenkonzert. Alte Pinakothek in München.
(Nach einer Photographie von Piloty & Löhle in München.)

schon erzählt, daß seine Kinder aus erster
Ehe, die sich in ihrem mütterlichen Erbteil
verkürzt glaubten, ihn mit Klagen bedrohten
und daß es auch zu ärgerlichen Prozessen
kam, die fast ein Jahr lang dauerten. Als
es endlich zu einem Vergleiche gekommen
war, hielt der Friede nur wenige Wochen
an. Dann brachen die Streitigkeiten von
neuem los, und noch, als Teniers längst
das Zeitliche gesegnet hatte, prozessierten die
Kinder aus erster und zweiter Ehe unter-
einander weiter. Mit letzteren — es waren

Todes ist auf einem Stammbaum aus dem
Besitz der Familie Teniers verzeichnet, der
sich bis auf unsere Zeit erhalten hat. Zum
letztenmale finden wir seinen Namen in
den Büchern der Lukasgilde von Antwerpen,
deren Mitglied er bis zum Ende seines
Lebens geblieben war. In dem Rechnungs-
jahre vom 18. September 1689 bis 18. September 1690 wird vermerkt, daß die Toten-
schuld, die letzte Abgabe, die ein Mitglied der
Gilde zu leisten hatte, für den ehemaligen
Dekan David Teniers entrichtet worden sei.

Teniers hat zwar eine Anzahl von Schülern herangebildet; aber keiner von ihnen
hat es zu größerer Bedeutung gebracht, selbst
sein jüngerer Bruder Abraham nicht, der
nur ein schwacher Nachahmer seiner Kunst
war. Teniers hatte eben bei seinem langen
Leben und bei seiner außerordentlicher Frucht-
barkeit das von ihm gepflegte Genre nach
allen Richtungen so gründlich erschöpft, daß
keiner seiner Schüler und Nachahmer irgend
eines seiner Stoffgebiete zu erweitern, zu
vertiefen oder noch mannigfaltiger zu gestalten vermochte. Trotzdem hat seine Wirk-
samkeit noch weit in das XVIII. Jahrhundert
hineingereicht. Sechs Jahre vor Teniers'
Tode war in dem damals noch vlämischen
Valenciennes Antoine Watteau geboren worden, der Künstler, der fast der gesamten
Malerei in der ersten Hälfte des XVIII. Jahrhunderts die Richtung geben sollte. Neben
Bildern von Rubens und van Dyck waren
es solche von Teniers, die seinem Schaffen
den ersten Impuls gaben, und in Teniers'
Art malte Watteau auch seine ersten Bilder,
Landschaften mit Bauern und Bauerntänzen
und Scenen aus dem Soldatenleben. Die
feine, geistreiche Spitzpinselei dieses seines
Vorbildes fesselte ihn sogar derartig, daß
sie für die koloristische Ausdrucksweise in der
Zeit seiner eigenen Reise entscheidend wurde.

Auch in unserem Jahrhundert hat Teniers mit anderen Meistern seinesgleichen
einen Einfluß auf die Entwickelung der
Malerei geübt. Als in den zwanziger und
dreißiger Jahren in München die Geschichts-
malerei Cornelianischer Richtung so mächtig
war, daß alle übrigen Zweige der Malerei
daneben nur ein ärmliches Dasein fristeten,
zumal die Genremalerei, der Cornelius nicht
einmal einen Platz in seiner Akademie gönnen
wollte, da waren es die niederländischen Genre-
bilder der Pinakothek, an denen sich das Pflänzchen der Münchener Genremalerei allmählich
aufrichtete und aus denen es seine Nahrung
sog. Brouwer und Teniers stehen unter
diesen Niederländern an der Spitze, letzterer
mit einem Viertelhundert Bildern, die alle
Seiten seiner Kunst in vortrefflichen Bei-
spielen veranschaulichen. —

Im Jahre 1867 hat die Stadt Antwerpen ihrem großen Sohne ein Denkmal
errichtet, ein nach dem Modell des Bild-
hauers Ducaju in Bronze gegossenes Standbild, das seine Aufstellung auf einem Platz

erhalten hat, der sich von der Avenue des
Arts abzweigt. Teniers teilt diese Ehre nur
mit fünf Kunstgenossen, mit Quinten Massys,
Rubens, van Dyck, Jordaens und Hendrik
Leys, dem größten Antwerpener Maler des
XIX. Jahrhunderts. Man hat sich gefragt,
ob Teniers auf das Recht Anspruch erheben
darf, zu den Größten seiner Kunst gezählt zu
werden. Die Lokalpatrioten haben diese Frage
mit Begeisterung bejaht; aber auch eine be-
sonnene, nur von nüchternen Erwägungen beherrschte Kritik, die einen Künstler nicht nach
räumlichem Maßstab mißt, sondern ihn auf Zeit
und Ewigkeit zugleich prüft, kann zu keinem
anderen Ergebnis gelangen. Man beurteilt
längst nicht mehr einen Künstler nach der
Wahl seiner Gegenstände, nach der Vielseitigkeit oder nach der Einseitigkeit seines
Schaffens, sondern man fragt nur, ob er
innerhalb des von ihm gewählten Gebiets
seiner schöpferischen Thätigkeit ein Höchstes
erreicht hat. Das ist Teniers gelungen,
und darum hat die Kunstgeschichte ein Recht,
ihm einen Platz in der vordersten Reihe der
schaffenden Geister einzuräumen. Aber mit
dem Ehrentitel eines schöpferischen Geistes
ist auch der Begriff der Originalität, der
Ursprünglichkeit verbunden, die man früher
an Teniers vermißt hat. Niemand hat seine
Originalität besser verteidigt, als Max
Rooses, der beredteste Geschichtschreiber der
Antwerpener Malerschule, ohne daß er darüber Teniers' Zusammenhang mit seinen
Vorgängern außer acht gelassen hat. „Teniers besaß," so schreibt er in seiner Charakteristik des Meisters, „eine kräftige, klar
ausgesprochene Originalität. Er sah die
Natur und die Menschen, ich will nicht sagen,
genau wie sie sind, aber doch anders als
seine Vorgänger und Nachfolger. Er zau-
berte Alltagsmenschen und die ihn umgeben-
den Dinge, welche er auf seine Art sah und
zur Anschauung zu bringen wußte, mit eben-
soviel Wahrheit als Phantasie auf seine
Tafel. Wenn aber auch Teniers die Originalität selbst ist, so ist es doch leicht, in
der Antwerpener Schule seine beiderseitigen
Väter und Großväter anzugeben. Von der
Richtung unserer älteren bizarren Volksmaler
hatte er den Sinn für die Eigentümlichkeiten des Volkslebens und für die mon-
strösen Gestalten der Spukbilder geerbt, von
Sammetbreughel und seinen Zeitgenossen,
Sebastian Brancx und dem jungen Frans

Francken die farbigen Gewänder. Hatten sie aber die letztgenannten um die Schultern ihrer königlichen und mythologischen Figuren gehangen, so bekleidete er damit seine Bauern, und niemals ließ die farbige Hülle den Bewohnern der Paläste wie des Himmels so gut, wie diesen Dorf- und Hüttenbewohnern. Von Rubens hatte er sein Licht, das warme, durchdringende, umflutende und verschmelzende, blonde Licht, von ihm hatte er auch die weichen Töne seiner Häuser, Gründe und Hintergründe, seiner breiten und sammetartigen Landschaften und Bäume. Er ahmte indes diesen Meistern nicht nach, entlehnte nicht ängstlich und unbehilflich von jedem, was ihm von dessen Art dienlich sein konnte, sondern hatte ihre vielseitige Gaben zu einer selbständigen und frischen Originalität vereinigt, die ihn, ihrer aller Schüler, zu einem der eigenartigsten Meister machte."

So begegnet sich auch der Enthusiasmus des Landsmanns mit dem Urteil der Geschichte, das in Teniers den Höhepunkt einer Entwickelungsreihe sieht, die Zusammenfassung und Potenzierung künstlerischer Kräfte, die fast zwei Jahrhunderte lang wirksam gewesen waren, in einem Einzelwesen. Diese Zusammenfassung hat bei aller Vielseitigkeit in den Stoffen auch eine gewisse Einförmigkeit zur Folge, die sich, wie wir schon oben erwähnt haben, jedem aufdrängt, der eine große Zahl Teniers'scher Bilder hintereinander sieht. Wird sich aber nicht dieselbe Empfindung einstellen, wenn man hundert Bilder von Rubens oder van Dyck zusammen sieht? Und würde nicht selbst der göttliche Raffael dieses Gefühl erwecken, wenn man seine sämtlichen Bilder von Madonnen und heiligen Familien an einem Orte zur Schau stellte? Es ist der Grundsatz jedes reinen Kunstgenusses, jeder freien Kunstanschauung, daß jedes Bild, jedes Kunstwerk für sich allein gesehen und verstanden sein will, und nach diesem Grundsatze hat auch ein deutscher Kunsthistoriker, Karl Woermann, der bei Werke der Vergangenheit mit scharfen Augen und kühlen Sinnen zu prüfen und abzuschätzen gelernt hat, unserem Teniers eine Stellung unter den ersten seiner Kunst zuerkannt. „Betrachten wir jedes einzelne seiner Bilder für sich," — damit beschließt

er sein Gesamturteil über Teniers in der „Geschichte der Malerei" —, „so werden wir von der natürlichen Liebenswürdigkeit ihrer Auffassung, an der selbst seine derberen Motive teilhaben, von der zugleich lebendigen und feinfühligen Anordnung ihrer Einzelgruppen und deren wohlabgewogener Verteilung in der gesamten Bildfläche, vor allen Dingen aber von der freien, flüssigen, nichts weniger als glatten und harten, vielmehr durch und durch malerischen Technik ihrer Pinselführung und von der harmonischen Einheitlichkeit ihrer bald tieferen, bald helleren, bald goldigeren, bald silbrigeren Farbenstimmung doch immer wieder hingerissen werden und ihm seine Bedeutung als Meister ersten Ranges nicht streitig machen."

Diese Endurteile des vlämischen und des deutschen Kunsthistorikers bestätigen nur, was unsere Darstellung der Entwickelung, der Reisezeit und der vollen Meisterschaft des Künstlers im einzelnen gezeigt hat. Was aber seine Bedeutung in der allgemeinen Geschichte der Kunst nicht minder befestigt als seine persönliche künstlerische Begabung, ist sein Stammessinn, seine innige Verbindung mit seinem Volk und seiner Heimat, aus denen seine Kunst entsprossen ist, ohne fremde Einflüsse erfahren zu haben. Er hat, trotzdem daß er ein warmer Verehrer der italienischen Meister war, ihnen niemals irgend welchen Einfluß auf seine eigene Kunst gestattet, und als er sich an Rubens anschloß und von ihm lernte, war der große Meister wieder zu seinem Volke, zu den idyllischen Schönheiten seiner Heimat zurückgekehrt, die er nur etwas mit den Erinnerungen an die italienische Sonnenglut vergoldete. Dieser nationale Zug seines Wesens und seiner Kunst wird Teniers' Schöpfungen, welche Wandlungen auch der allgemeine Kunstgeschmack im Laufe der Jahrhunderte erfahren hat, ewig jung und lebendig erhalten. Wie Teniers die Menschen und Sitten seiner Zeit gesehen und gemalt hat, werden sie in den Jahrbüchern der Kulturgeschichte für alle Zeiten fortleben. So erhebt sich der bescheidene Sittenschilderer zur Bedeutung eines Geschichtsmalers seines Volkes!

Litteratur.

Außer den älteren biographischen Werken von Cornelis de Bie, Houbraken, Descamps, Immerzeel und den Galeriekatalogen wurden zu obiger Darstellung zu Rate gezogen:

M. Rooses, Geschichte der Malerschule Antwerpens. Deutsch von F. Reber. München 1881.

F. J. van den Branden, Geschiedenis der Antwerpsche Schilderschool. Antwerpen 1883.

W. Bode, Adriaen Brouwer. Wien 1884.

W. Bode, Die Schweriner Galerie in der Zeitschrift „Die Graphischen Künste." Jahrgang XIII. S. 98—99 (Wien 1890).

Woltmann und Woermann, Geschichte der Malerei. Bd. III. S. 499—506. Leipzig 1888.

www.ingramcontent.com/pod-product-compliance
Lightning Source LLC
Chambersburg PA
CBHW021424090426
42742CB00009B/1238